「仕事・結婚で成功したい」のに
内気なあなたへ！

“会話が続く男”のテクニック

土田衛 著

セルバ出版

はじめに

恥ずかしがり屋でも円滑に続き、気に入られる会話の方法

本書を手にとっていただき、誠にありがとうございます。

私は少年から学生時代まで、とても恥ずかしがり屋で内気な、残念な男でした。

「外見のマズさは仕方がないけれど、こんなふうに会話が苦手だと損をすることが多い。このままではダメだ、何とかしなければ」――。成長するにつれて、私の危機感は徐々に募っていきました。しかし元が恥ずかしがり屋ですので、急にはじけて積極的になったり派手に立ち振る舞ったりすることなどできません。

そこで代わりに、内気な男だからこそできる円滑に続く会話の方法を模索して、自分なりに様々な取組みを試し続けました。

その結果、少し時間はかかってしまいましたが、恥ずかしがり屋でも円滑にやりとりが続き、相手から気に入られる会話ができるようになれる方法を導き出しました。それらは無料で、いつでも誰でもどこでも実践できる手法ばかりです。

改善できた会話ベタ

現在では周囲から、こんなふうに相談等を受けることがあります。

「今度、訪問のアポイントを取るために、初めてあの方に電話をするんです。内諾は得ているので邪険にはされないと思うのですが、なにぶん相手が大物なので、きちんと話さないといけないと思っていて……。電話での第一声からその後の話の持って行き方まで、どんなふうに話したらいいでしょう？　段階を踏んで教えてもらえませんか」

「役所にこの取組みを説明に行くことになりました。でもどう話したらいいでしょうか、公的機関を相手に、どんなふうに伝えたらいいか見当がつかなくて……」

「この依頼は、これまでの経緯があるから無下にはできないけれど、本来の筋や立場から考えると受けることはできるものではありません。お断りする旨をどんな流れで伝えたらいいと思いますか？」

「自分の場合は、問題点をズバリと言ってしまうので、人間関係を壊してしまうんです。以前、大勢の前でそういった問題を説明するときに、当事者をやり玉にあげることなく、さも全員に関係があるように言い換えて、上～手《じょ～うず》に皆が納得する話し方をしていましたよね。どんなことに気をつけて話していますか？」

「最終決定権を持つ会長への説明に挑戦しましたが、やっぱり私は話し方がヘタでうまくいかず、後悔しました。同じことを言うのにも使う表現が上手な〝人たらし〟の言い方で説明してもらうべきでしたよ」

こう評価されるように変われたことで、以前の会話ベタが改善できたことを実感しています。

具体的に何をすればいいかを本書に

私はそういった1対1の会話を続ける力を手に入れるために、長い年月を費やしました。それは、そのための具体的なノウハウを教えてくれる身内も上司もおらず、ただ自らの経験で導き出すしか術《すべ》がなかったからです。

だからといって、これを会得するために、必ずしも私のように長い時間と経験が必要だとは思いません。多くの時間と経験が必須ならば、それを手にできる人はほんの一握りに限られてしまうからです。そこで、「日々の生活を送るついでに、こうすればその力が身につく」という具体的な方法を本書で体系化しました。

私と同じ男性から、会話することが苦手で困っている人の話をよく聞きます。そんな現代の日本の男性のために本書を書きました。人には得手・不得手があって当然なのですが、日常の人間関係はもちろん営業や接客業務などの仕事、また異性との出会い・婚活では、会話を続けることのできるスキルを持っているほうが便利だし、得であることは事実です。そこに必要なのは血のにじむような努力ではありません。コツです。3種類のちょっとしたコツさえ知れば、長きにわたる経験や多くの技術の習得など必要はありません。

そのコツを得るために、具体的に何をすればいいかを本書にまとめました。あとは実践していただくだけです。

本として文字にして羅列されると、その中には当たり前に思えたり既に知っていたりすることもあるでしょう。そんなときは「知っているだけではないか？　自分は実践しているか？」と考えてみてください。「知行合一」の教えや「知っていることに価値はない」という戒めがあるように、知っているだけでは効果も向上もありません。それらが少しでもうなずける内容であったなら、現実に実践し、できてはじめて知っていることの価値を手にすることができるのです。

なお本書でご紹介する具体的な実践には、そのためにわざわざ時間を確保する必要はなく、お金の用意もいりません。意識の高いあなたの日常を確認するツールとしていただければ、更なる気づきの内容をご提供できるはずです。

２０２０年10月

土田　衛

「仕事・結婚で成功したい」のに内気なあなたへ！　〝会話が続く男〟のテクニック　目次

第4章　接客・営業で選ばれる、会話を続けるテクニック

第5章 いつでもどこでもタダでやる

プロローグ

恥ずかしがり男《お》は
そのままに

1　恥ずかしがり屋で自信のない残念な少年

残念な少年時代

少年時代の私は、恥ずかしがり屋で大人しく人とうまく話せない、極めて残念な少年でした。活発なタイプではないので、他人と話すことが苦手で、1対1の会話では何を話したらいいのかわかりません。友人と数人でいるときには、話のリード役の人物のキャラクターを心から羨ましく思いながら、楽しそうに話す友人たちの中に〝ただいるだけ〟の人物でした。

得意な分野を持っているわけではなく、文化や芸術・運動のセンスがあるわけでも全くありません。姉がやっているからと音楽を習ってみるも、指導者の隣で居眠りをする始末。学校の部活動で中学1年生から始めたスポーツを高校でも続けたところ、高校から始めた同級生に技術面で追い抜かれるほどの運動神経の持ち主でした。自分の将来への夢や希望も一切持てないまま、時が過ぎていきました。

恥ずかしがり屋全開の情けない少年

それは中学校に入ってまだ間もない頃のことです。職員室にいる教科担任の先生に、指示された書類を持参する機会がありました。部屋の扉をノックし、言う決まりになっている口上をか細い声で述べ、いざ目的の先生のデスクへと向かいます。恥ずかしがり屋の私は「H先生…」とだけ呼びかけはしたものの、いざ先生に対峙すると何を言っていいのかわからず、ただ下を向いて書類を突き出しました。

するとと先生はちらりとこちらを見て、しばらく私が話さないのを確認すると低く大きい声で、「やり直しっ！」と一言だけ放ちました。これは私の将来を考えて、氏名を名乗り要件を述べるということを身をもって体験させようとしたわけですが、当時の私がそんなことを知る由もありません。どうすればいいのかわからず職員室から廊下に出て、恥ずかしがったまま誰に相談するでもなく、更に全く同じことを2回繰り返しました。もちろんその先生はＯＫしてくれるはずがありません。

たまたまその場に居合わせて見かねた同学年の女生徒が「こう言えばいいよ」とセリフ（？）を伝授してくれ、4回目にそれを教科担任に向かって棒読みで述べた、恥ずかしがり屋全開の情けない少年でした。

内気で大人しい静かな坊や

思えば、幼少の頃から内気で大人しい坊やでした。春の陽が暖かく降り注ぐある日、親の実家に遊びに行き祖母から「一緒に散歩に行こう」と誘われても「ここで本を読んでいるほうがいいから行かない…」と答え、戦時下を経験した彼女を大いに心配させたこともあったようです。

その性格は中学生になっても変わらず、同世代の一部に見られた「目立ちたい、モテたい」や「世間や社会に物申す」といった気概はありませんでした。内向的ゆえに大人や先生から言われたことには従順で、よく言えば素直、悪く言えば面白みのないタイプでした。

たまたま几帳面な性格も手伝って成績はそこそこよく、クラス委員を命じられたり生徒会の役員を担ったりしましたが、決してリーダー格だから選ばれたのでないことはわかっていました。内気で大人しく静かな自分が学校内で得ることのできた肩書に対して、些細な喜びを感じる小さな男でしかありませんでした。

小柄なうえにマズい顔

小さな男と言えば、私は現代の男の子のわりに身長も伸びませんでした。小中学校時代はそれが特に顕著で、中学生なのに小学生に見られることもザラでした。当時は牛乳を飲めとか、起床直後に手の指先を頭上に伸ばしつま先を正反対に向けて同時に精一杯伸びるといいとか言われ、それらを信じて毎日取り組んでいたものです（残念ながら劇的な効果は得られず今に至っています）。

またその年代は外見が特に気になってしまうお年頃ですから、誰よりも小柄で一重まぶたに細く小さな目の私は、何でこんな容姿なのだろうと真面目に悩んだ時期もありました。

当時の私には、「恥ずかしがり屋＋大人しい＋取り柄がない＋背が低い＋顔もマズい＝自分に全く自信がない」という揺るぎない方程式が成り立っていたのでした。

2　気後れして話せない若者

大人しくて面接でもうまく話せない

　その後歳月が経ち学生生活も終盤を迎えた頃、私にも就職活動を始める時期がやって来ます。幾つかの企業の話を聞いたり訪問したりした結果、次第に第一志望の会社が絞られてきました。あろうことか私は、地元では学生の人気企業ランキングで常にトップ3に入っていた、当時のスタッフ数が2000人規模の企業に照準を定めました。

　その会社の方針であったのか、時がバブル経済時代（末期）であったためかは定かではありませんが、この会社の新卒採用は積極的で快活なタイプが圧倒的に有利で、大人しいタイプの学生はどんどん選から漏れているようでした。本来であれば内気な私なぞ真っ先に落とされるはずですが、何とか引っ掛かり続けて最終面接までこぎつけます。

　このとき私は「自分の話す内容が最後の面接で居並ぶ面接官から高評価を得て、入社内定を勝ち取ることなどできはしない」と思いました。理由は簡単で、大人しくて内気で会話の力も自信も度胸もないため、会社のトップが出てくる面接でうまく話すことは到底できないからなのでした。控室で会う面接に残り続けている他の学生たちが、みな堂々としていて雄弁であったことも、私の諦めに拍車をかけるのでした。

【図表1　内気なタイプの面接法】

◆口元の両端を上げて、あたかも笑顔の表情。
◆質問に回答する時は、全員の顔をいちいち一人ずつ見ながら。

弱点モロ出しの面接

そこで「どうせ選考から漏れるのなら、自分の弱点モロ出しで勝負してみよう」と考えました。内気なタイプであるがゆえに、いつも実行するしかなかった次の2つのこと（図表1）を、最終面接で敢行することにしたのです。

・緊張を隠すために口元の両端を上に上げて、あたかも笑顔でいるような表情をつくること。

・問われた質問に回答するときは、数人の面接官（＝会社の役員）の全員の顔を、いちいち順に1人ずつ見ながら言葉を発すること。

前者は、大人しくても、図表1のように柔らかく見える表情をしていると、人から話しかけられやすいこと。後者は内気で専ら人の話を聞く側だったがゆえに、話し手から自分がされて嬉しいと感じたこととして、強く胸に刻まれていることでした。

この2つが功を奏したか、私は無事、この企業からの内定を手にします。

入社してみるとやはり、同期入社の面々はいずれも快活で会話に秀いでた個性豊かな面々でした。私のような大人しいタイプなど1人もいません。うわぁ、スゴいところに来ちゃったなぁ…。私の社会人時代は気後れすることから始まりました。

会話のできない営業マン

その会社は、祖業から派生した複数分野の事業を展開していました。内気で人との会話ができないわりに、なぜか人相手の仕事が嫌いでない私は、運よくサービス業の部署に配属になりました。業種は旅行業です。

旅行業というと、カウンター越しの対面で宿や交通機関のチケットやツアー等の旅行商品を販売する姿を想像するかもしれませんが、それは仕事の中でもほんの一握りの業務。私のような男性社員に課せられた任務は、営業マンとして新たに団体やグループの旅行を獲得し、既存のお客様に対しては次回の団体旅行も受注できるように良好な関係を続けることでした。

先輩社員に同行しての営業見習いからスタートし、しばらくすると独り立ち。以前につながりのあったお客様である会社や組織などを訪問し、改めて仕事をご依頼いただけないかとローラー作戦による営業活動からスタートしました。飛び込み営業とは異なり、以前ご利用いただいたことがあるので、露骨には迷惑がられず、半数近くから訪問のアポイントだけはいただけるのでした。

【図表2　不慣れを告白する弱気な営業マン】

しかし、いざお客様を訪問すると、話せない自分に気づきました。何を話したらいいのか、全く見当がつかないのです。学生時代には他国の語学や専門的な知識も学んできましたが、それらは営業マンとして出た社会最前線の現場では全く通用しません。

自分のもともと持っていた内気さも手伝って、気の利いた言葉の1つも口からは出てきませんでした。

独り立ちして初めて訪れた客先で自分がやっと発したセリフは忘れもしません。

「すみません、まだ慣れていないもので……」。

お客様はプロに仕事を頼みたいのであって、図表2のように自ら慣れていないことを告白する弱気な営業マンに依頼はしないでしょう（実際にその後、このお客様から依頼が来ることはありませんでした）。

「何しに来た？」

同様に訪問した工場では、事務室におじゃましました。対応してくれたのは、この会社の社長さんです。ワイルドな口調のこの男性は、聞いたことのあるこちらの社名につい訪問を許したのでしょうが、うまく話し出せない私にしびれを切らして、インスタントコーヒーを入れてくれました。

顆粒状のインスタントコーヒーを日本茶の茶碗に少量出し、電気ポットからお湯を注ぎます。しかし事務室にはスプーンの用意はなかったからか、社長さんは傍らにあったキャップの外れていた黒色ボールペンを持つと、なんとそのペン先で素早くコーヒーを掻き混ぜ、流れるような動きで私に出してくれました。そして話し出せない私に一言、「何しに来た？」。

ワイルドな社長さんが見せてくれた気遣いの心と、それに応えることができない自分の情けなさ。コーヒーに黒インクの風味が調合されていたかどうかすら、確かめる余裕はありませんでした。

3　接客業なのに話せない添乗員

自分から話せない内気な添乗員

会社の最も大切な仕事は、お客様を獲得すること――。営利事業であれば、どんな業種・職種であっても、これは共通している事実でしょう。私の就いた旅行業とて例外ではありません。お客様になってくれるかもしれない相手を前に、１対１の会話がうまくいかずに困り果て、でも具体的にどうしたらよいのかもわからずに、悩む日々が続きました。

当時の旅行業界は添乗員（ツアーコンダクター、ツアコン）の出番が多く必要とされました。団体のお客様がバスや新幹線・列車や飛行機で移動する際の誘導役兼取り仕切り役として同行し、全ての行程を司るのがその職務です。私が多く担当したのは団体バス旅行で、1〜2台から多いと10数台を連ねてのバスの旅に帯同しました。

観光地での見学や食事、ドライブインや高速道路でのトイレ休憩、宿に着いた後などの、バスを駐車させて安全にお客様を誘導した後が、添乗員として少しだけホッとできる時間です。すると20歳代半ばの若造添乗員である私を息子のように思ってくれるのか、ありがたいことに話しかけてくれる方が少なからずいました。

しかし、ここに問題がありました。サービス業たる者、お客様と和やかに会話を交わすのも大切な仕事であるのにも関わらず、私にはそれができないのです。もともと大人しく内気なタイプな私ですから、自分から話題を振って会話を続けることができないというわけです。

団体旅行のお客様はほぼすべての方が初対面で、年齢もお住まいの地域もわからない方々です。たいていが当時の自分の親か祖父母の世代に当たる年齢層でしたので、共通の話題も全くありません。自分の親世代とは20〜30年程の歳の開きがありますし、また当時担当していた各地域の老人クラブの旅行などとなると、そこに参加される皆さんとは50歳前後の年の開きが出ます。そのほとんどが戦後の混乱期に幼少から若者時代を過ごした方々で、中には徴兵されて戦地に赴いた経験のあ

【図表３　内気さと未熟さを活かした話し方】

◆「教えてください」
◆「意見や反論せず、
素直に共感し、
感嘆し、
感謝に徹しよう」

る方もいました。

人生経験や知識の量では到底かなうものではなく、もし頑張って自分がリードしようとして話したとしても薄っぺらな内容にしかならないのは明らかです。

これには困ってしまいました。

内気さと未熟さを活かした〝話さずに話さす〟話法

そこで実践したことは、自分の大人しさと内気さ、若いゆえの未熟さを活かした話し方でした。自分のことは話さず、専ら相手に話してもらうという〝話さずに話さす〟話法です。

「相手に失礼にならない程度の質問をこちらから投げかけ、それに答えてもらったらどうだろう。会話のキャッチボールなどと言われるように、１つの質問をして答えをもらいそれに対してまた次の質問を１つするという〝芋づる一問一答式〟で。

そうすれば、あたかも和やかな会話が続いているように感じるだろう。また自分は明らかに若造なので、『教えてください』という姿勢で話せば、さらに気持ちよく話してくれるのではないか。自分は実際に人生経験が浅いのだから、相手の言ったことに意見したり反論したりせず、素直に共感し、感嘆し、感謝することに徹しよう」

…という図表3のような作戦でした。実際には次のようなやり取りになります。

たった2～3往復の会話のキャッチボール

観光地やサービスエリアでの休憩時、その場所は人気の観光スポットなので仕事では何回か訪れており勝手もわかっていますが、団体の皆さんは初めての訪問です。そんな中、あるお客様が売店で買った串焼きを手にバスに戻ってきました。

私　「わっ、美味しそうですね。それ何ですか？」

お客様　「『浜焼きイカ』です。ここの近くで獲れたって書いてありました。お腹は減っていないのに、つい匂いにつられて」

私　「へぇっ、浜焼きイカですか。大きいですね、お幾らくらいでした？」

お客様　「500円でしたよ」

私　「500円！　意外と安いんですね。貴重な観光情報をありがとうございます（笑）」

また別の機会には、近代の日本国内で戦いのあった場所を訪れました。

私　　「この一帯も戦いがあった場所です。詳しいことがこの案内板に記載されています」
お客様「そうなんだ、ここで戦ったのか…。私は小さい頃に空襲にあっているから、戦争の辛さや惨たらしさを肌で感じている最後の世代だよ」
私　　「えっ、空襲ですか。お幾つくらいのときに？」
お客様「4歳だったけど、親におんぶされて逃げてね。空が真っ赤で恐ろしかったことだけが記憶に鮮明に残っているよ」
私　　「空が真っ赤…。親ごさんはどうおっしゃっていましたか？」
お客様「決死の思いで逃げたとよく聞かされた。近所でも亡くなった人が多くて、ウチは運がよかったほうだ、と」
私　　「決死ですか…。戦後生まれの私たちは、皆さんにこれからも勉強させていただかなければなりません」

浜焼きイカの会話はたった2・5往復、空襲の会話でもわずか3・5往復の会話のキャッチボールです。私は自分のことは一切話しておらず、相手が発してくれた言葉を受け取ってそのボールを質問に替えてただ投げ返しているだけです。

たったこれだけのやり取りですが、初対面ながらスムーズに会話が運び、相手が自分自身のことを話しているだけなのに、こちらに親しみを持ってくれて、その後の関係がとても円滑になることを知ったのです。

4　ラクして会話が続く方法を発見

営業先で試す〝話さずに話さす〟戦法

それまで私は「営業マンや接客業のような仕事は自分の仕事や自身を売り込むために、こちらから積極的に攻めていって会話を仕掛けなければならない」と思ってきました。ところが、私のような大人しい性格ならではの守りとも言える会話法でも〝続く会話〟は十分に成り立ち、それが他者やお客様に受け入れられることが多いことが次第にわかってきました。

それならば…と、こちらから営業先のお客様を訪問した際にも、この〝話さずに話さす〟戦法を試してみました。もちろんこの当時はまだ、本書の話し方のテクニックは体系化できていないため、話し方はぎこちなかったのですが、相手に質問をして返って来た言葉をそのまま利用する〝芋づる一問一答式〟を用いると、こんなにも相手が話してくれるのだということを実感することができました。

私　「社長のご商売はいつ頃がお忙しいのですか？」

社長「季節なんか関係ないよ。ウチの品物が売れるか売れないかだけだからなぁ」

私　「売れる売れないっていうのは、国際情勢からの影響はあるのですか」

社長「いや、それはもちろんあるに決まってるよ！　今はアジア情勢が変わると、一気に輸出が止まってしまってウチの商品だって出なく…いや、そもそも出せなくなるからなぁ」

私「アジア情勢が変わるというのは、最近ですと具体的にどんなときですか？　勉強不足なのでぜひ教えてください」

社長「何、おまえそんなことも知らないのか（注そう言いながらまんざらでもなさそうな表情を見せる社長）。半年前なんかは、あの国のトップが急に新たな○○○の政策を発動したもんだから、完成品の出荷がストップして大変だった」

私「あの政策は、お仕事にそんなふうに影響を及ぼすんですか…。この業界にとっては辛い政策なんですね」

恥ずかしがり屋と押しの弱さが活きる、芋づる一問一答式

相手に関することや質問をこちらから振り、その後は芋づる式に一問一答を繰り返していくだけのこの話し方。自分は話さずに相手に話させているのに、それが相手にとってはまるで会話が盛り上がっているように感じるのだから、こんなにラクな…いえ、こんなに素晴らしい方法はありません。恥ずかしがり屋と押しの弱さを活かした円滑な会話の手段として、誰でも活用でき、ラクをして会話が続く、夢のような方法です。

私はこの後3年目を迎える頃までには、営業マンとしてお客様と会話が弾むようになってきたことで、ようやく安定して仕事の受注をいただけるようになったのでした。

5 〝会話を続ける力〟は好感を持たれて仕事も取れる

ウェディングプロデュース会社はコートを脱がそうとする北風？

その会社に数年間お世話になった後、独立起業。私は27歳のときにウェディング（結婚式や結婚披露宴）の企画プロデュース会社を興しました。当時は一般にはインターネットが普及しておらず、宣伝や集客には苦労しましたが、ポツリポツリと来店されるお客様には全力で対応していました。

ところが1つだけ困ったことがありました。学生時代のアルバイトも含め会社員時代までは専ら人相手の仕事や接客業に携わってきた私でしたが、自ら興した会社の業務の核となる〝カウンター越しの対面接客業務〟は全くの初体験だったということです。店舗を構えて営業を始めたくせに、カウンターという1枚の板を隔てて、来てくださった初めて会うお客様と何をどう話していいかが全く見当がつきませんでした。

私たち事業者は初対面のお客様と何を話していいかわからない場合、「何としても成約してもらいたい」と思うあまりに、提供する商品・サービスの売りやよさ、また自社の営業方針について熱く語りがちです。お客様の話をじっくりと聞くよりも、つい自分側の話を長々としてしまうのです。それはまるでイソップ寓話の〝北風と太陽〟の北風が、風を吹かせて旅人の上着を無理矢理に吹き飛ばそうとするようなものです。

結婚式や結婚披露宴は、新郎新婦はもちろん身内や周囲といった多人数が関係する催しであり、少しばかりまとまった予算が必要になるものです（参加者からご祝儀や会費をいただくので、実際の持ち出しは少ないのですが）。そのため、当店に初めてご来店されるお客様は「業者にうまく言いくるめられて契約させられないようにしよう」と少なからず警戒感を持っています。

また、必ずしも弊社に依頼しようと思っているとも限らず、「とりあえず話だけ聞かせてください」という予防線を張ってお越しになる場合も少なくありません。つまりお客様は、北風に吹き飛ばされないように、上着のボタンを留めてしっかりと押さえている状態なのです。

ウェディングプロデュース会社には〝話さずに話さす〟が合う

ここは、「自分の会社を売り込もう、提供しているサービスのよさを伝えよう」とは思わず、まずは相手たるお客様と心を通わさなければなりません。お客様にこちらから質問を投げかけて話してもらい、芋づる一問一答式で今の状況と結婚式や披露宴に持っている要望を、ひたすら丁寧に聞き取ることに徹しました。「ひたすら丁寧に」と言うと聞こえはいいですが、〝話さずに話さす〟しか方法がなかったのも事実です。

結果的にこの会話方法は、オーダーメイド型の結婚式・披露宴をつくる業務の我が社にぴったりの話し方でした。

新郎新婦側は「売込みばかりしてくる会社よりも、自分たちの話をしっかり聞いてくれて要望を叶えてくれそうな会社に依頼したい」と思うはずです。同業の会場では、下見に来た新郎新婦にその場での契約を迫ったり仮予約を結んだりして繋ぎ止めようとすることが多いのですが、私はじっくりと新郎新婦の話を聞いた最後に、いつも必ずこう言っていました。

「結婚式や披露宴はランチを食べるように気軽に決めることができるものではないですから、今ここで決めることはせず、色々な会社や会場を見て回ったうえでじっくりと考えてください。そして立地や雰囲気、施設・設備の充実度はもちろんのこと、〝話を聞いたときに対応してくれた担当者が、お2人の大切なウェディングを信頼して任せることができそうかどうか？ そんな会社であったかどうか？〟も忘れずに検討してください。もちろんウチの会社も同様に、です。そのうえでお2人が安心して任せられそうな会社や会場に依頼することが大切です」と。

すると、たいてい数日から数週間後には、お客様から私の会社に「正式に依頼したい」と連絡が入るのです。しっかりと聞くことに徹する〝話さずに話さす〟話し方は、ウェディングの企画プロデュース会社にとって最適な話法だったというわけです。

それから25年。我が社は所在する新潟県において、同業者の中でも最長キャリアで営業を続けています。会社として1200組を超えるカップルの結婚式をお手伝いしてきた中で、お客様から好感を持たれて支持される〝会話を続ける力〟のノウハウが体系化されてきました。

この力はウェディング業務だけでなく、どんな仕事でも日常生活にも必要とされるものです。

そのすべてを、これからお話していきたいと思います。

第1章

恥ずかしがり男《お》が知っておくべき１対１の会話のキホン

1　唯一の会話する生物である「人間」の本音を知る

人間は誰もが「自分が話したい」

この第1章では〝内気でうまく話せない恥ずかしがり男《お》〟の私たちが、1対1の会話が続く力を手にするために、知っておいていただきたい基本事項をお話しします。スポーツに例えると、この章はいわばルールの説明のようなもので、知らなければならない基本のキと言うべきことばかりです。具体的に実践していただきたい行動やテクニックは第2章以降にご紹介しますので、順を追って読み進めてください。

人間・ヒトというのはこの世に存在する多くの生物の中で、唯一会話を交わして心を通わせる種であると思います。同種の他者と会話を交わして、互いを認識し心を通わせる唯一の生き物であるがゆえ、人間同士が会話をして関わり合い気遣い合うことで生きていかなければなりません。家族や血のつながりのある者が助け合う動物はヒト以外の哺乳類をはじめ、他の動物にも多く存在しますが、同種の他者同士が言葉や会話という方法でつながりを持つ生物は他にないでしょう。私は生物学者ではありませんが、おそらくこれは間違いない事実だと思います。

そんな私たち人間も、その根元のところでは他の多くの生物と同じ感覚を持ち合わせています。それは〝自分中心である〟ということです。大いなる自分ファーストは生き延びるための極めて動

【図表４　人間の本音を知る】

物的な本能です。

そのため「人間は、会話の際には誰もが例外なく『自分が話したい！』と思っている」ことを認識していただきたいと思います。

1人対1人、または1人対複数人のグループでの会話など、誰もが平等に話せる環境下にある場合は、どんなに大人しくても控え目なタイプでも男性でも女性でも、それは変わりません。誰もが「自分が話したい」という本音を胸に持っており、他人の話を聞くのでは好きではありません。仕事や年齢・立場などの様々な状況から聞き役や受け身に徹することはあるものの、本当のところはだた黙って聞くなどのことは避けたいものなのです。

子どもは自分が話したい典型例

子どもがこんなふうに言うのは、まさに自分が話したい典型例と言えるでしょう。

「昨日ね、お父さんとお母さんと遊園地に行ったんだよ。乗ったら走って上から落ちるの（＝ジェットコースター）はすごいスピードで怖かったけど、3回も乗ったんだ。あと面白かったのは……」

「ねぇねぇ見て見て、私、ハート形の石を見つけたの。川のところ（河川敷）で拾ったんだよ。もっと大きいのを探したら……」

「アイドルになった夢を見たの。私がグループの一番前で踊って歌ってたら、見ている人たちもみんな一緒になってステージに上がってきて、幼稚園の発表会のときみたいに人がいっぱいになったよ。そうしたらね、幼稚園の先生も同じアイドルで……」

赤ん坊ならお腹が空けば泣くし眠ければグズり、幼児なら買って欲しいおもちゃがあれば駄々をこねて要求するように、子どもは最も本能に近い行動をします。会話ができる年齢になったなら、自分が話したくて仕方がないので、このようなちょっとした出来事の話題でも相手に聞かせようとするわけです。

大人だって自分が話したい

大人の世界でも同じようなことがあります。あなたの気心知れた仲のよい友人をひとり、頭に浮かべてください。その人と話すときには、自分のことを遠慮せずたくさん話しているはずですがいかがでしょうか？　もし「どんなふうに話しているんだろう？　そんなふうに客観的に考えたことはないなぁ」と自覚がないなら、間違いなく自分のことを遠慮なく話していることでしょう。

また仕事や人間関係に苦しんでいる家族や知人が、あなたにその悩みをこぼしたとします。その話を聞かされた側のあなたはつい「何か的確なことを言わなければ」と考えて、励ましたり自分なりのアドバイスを述べたりしてしまうものですが、いかがでしょうか。

でもこんなとき、たいていはあなたからのその助言は必要ありません。大切なのは、悩んでいるその人が心を許しているあなたに〝話すという行為〟そのものであり、あなたはその話を１００％受け身でただ頷きながら聞くだけで十分なのです。

人間は、誰もが「自分が話したい」と思っている——。これを覚えてください。まずはこれを知ることが、私たちが誰とでも会話を続けることができる男になる重要な第一歩になるのです。

2　相手を徹底的に使う

手段が替わっても会話に必要なのは相手

２０２０年に世界で猛威をふるった新型コロナウィルス（COVID-19）をきっかけに、わが国でもビデオ会議システムの利用が急増しました。

これまで人と人が正面で相対《あいたい》してきた会話も、通信回線を使って効率的に済む場面が増えることが期待されています。これまで会話といえば、電話という音声通話を除くと、目の前のリアルな人物と同じ時間と空間の両方を共有して行うものでした。それが今後は「オンライン接続で同じ時間だけを共有し、空間は画面越しの動画で置き換える」という合理的なやり方が増えてきそうです。

ところが会話は自分一人でするものではなく、1対1か複数人内で行うものですから、手段が替わっても〝会話に相手が必要〟になることに変わりはありません。リアルでもオンラインでもまた日常生活でも仕事でも異性に対してでも、どのような相手であっても〝続く会話〟ができるようになるために、私たちが知らなければならないことは何でしょうか。

相手を利用し乗っかると、断然うまくいく

細かい取組みは次章以降に譲りますが、本章では基本にして最も重要な原則を覚えてください。それは「会話は相手を利用することに徹すると、断然うまくいく」ということです。自分が話す話題を懸命に考えて、会話が途切れないように話しつづける必要は全くないのです。

前項で、人間は誰もが自分が話したいと思っている、とお話しました。それならばそれを利用して、あなたが相手に話させることに徹したとしたらどうでしょう。「話したい相手&話させるあなた」という相乗効果で、会話がうまく進みそうなことが想像できるでしょう。相手は「話したい」のだから、こちらはその気持ちに乗っかってしまおう、というわけです。

また〝話させる〟ということをもう少し具体的に言うと、〝相手の発した言葉を使って更に質問を投げかける〟ということになります。そしてこれは、私が会社員時代に行った〝話さずに話さす〟〝芋づる一問一答式〟とほぼ同義なことなのです。

ＴＴＴのススメ

平成の終わり頃、ＴＴＰという言葉が流行りました。経済自由化を目的とした環太平洋地域の国々による多角的経済連携協定「環太平洋パートナーシップ協定」（Trans Pacific Partnership Agreement、略称ＴＰＰ）のことではありません。〝徹底的にパクる〟（Tettei Tekini Pakuru）を縮めてＴＴＰです。成功するためには、うまくいっていること（または人）の取組み方を徹底してパ

クる（＝真似する）ところから始まるという意味ですので、私もこの略語をパクっ…、いえ、お手本にさせていただき、会話を続けるための基本原則はこうだと断言します。

相手を「徹底的に使う」、つまりTTT──Tettei Tekini Tsukau──ことだと。

さんまさんに学ぶTTT

タレントの明石家さんまさんは、言わずと知れた日本を代表するお笑い界の大御所で、1970年代後半から現在まで芸能界の第一線で活躍を続ける国民的スターです。日本に住む人なら知らない人はいない、と言ってもいいでしょう。テレビ番組で見せてくれるそのトーク力や雑談術はただただ「お見事」としか言えないくらい卓越しています。まず自分から明るく話題を振り、「ヒィ〜ッ、ヒィ〜ッ」という独特の引き笑いも加えて楽しさを表現し、場合によってはソファや床に倒れてまでウケて盛り上げてくれるその姿が頭に浮かんできます。

そんなさんまさんは私に言わせれば、最上級の〝徹底的に使う（TTT）〟の使い手です。トークの相手が初対面のゲストのときなどは特に顕著で、共通の話題がないがゆえに、まずは相手の専門分野に関する素人っぽい質問をあえて投げかけます。さらにその返答を使って、相手をいじりながら次なる質問を繰り出していくのです。さんまさんのキャラクターが際立って見えるためにテレビの画面を見ていてもさほど感じませんが、相手を徹底的に使う、相手への振り上手なのです。

さんまさんのようなトークの天才だけでなく、大人しく恥ずかしがり屋の性格の私たちも、会話が続く男になるために、必ず取ってほしい基本原則の姿勢がこの〝ＴＴＴ〟です。

この章では、同じように知っていてほしい会話のための基本について続けて述べていきます。

3　「うなずき」と「相づち」と「頻度」と「テンポ」が心の懸け橋

心理カウンセラーとの共通点

私が以前に受講した心理カウンセラーの養成講座では、次のように教わりました。

「カウンセラーを目指す人は、よい返答や切れ味鋭いアドバイスをしたいと思ってしまう。しかし基本的にカウンセラーはアドバイスを与える人ではない。アドバイスをせず、傾聴と質問で相手に気づきを与えることがメインである」と。

カウンセラーがアドバイスをしないというのは、むやみに自分の意見を言わない（押しつけない）ことであり、傾聴とは耳を傾けて一心にかつ熱心に聴くということです。自分のことは言わず、相手のことを熱心にきく——。この２つのことは、カウンセラーにも私たちの目指す会話の続く男にも、共通して必要とされることなのです。

この２点を具体的に実現するにはどうしたらいいのでしょう。それは相手の話に、「うなずき」と「相づち」を、適切な頻度で「テンポを合わせて」挿入することに他なりません。

【図表５　うなずきと相づちに大切な頻度】

うなずきと相づちは 句読点の位置で入れると、
真剣に聞く様子が伝わります

うなずきは共感のサイン

「うなずき」とは、了解、肯定、承諾などの気持ちを表す目的で首を縦に振ることです。最も簡単に表現できる共感のサインと言えるでしょう。

相手の顔を見ながら、声を出さずに首の縦の動きだけで行いますので、うなずく縦の動きの深さによってこちらの気持ちの深さも表現することが可能です。

相づちは集中している証

一方の「相づち」は相手の話に巧みに調子を合わせることを指します。

これは鍛冶職人の師匠が打つ間にその弟子が槌を入れることに由来する言葉だけに、タイミングが重視されます。

「うん、うん」「はい」「へぇー」という軽快な声で、話に集中している証《あかし》を表現するというわけです。

うなずきと相づちは句読点の位置で

これらに大切なのは頻度です。いずれも、相手の話す言葉や文章の句読点の位置（「、」や「。」）を合図として入れるようにすると、真剣に話を聞いている様子が伝わります。あまりにも頻繁に入れると小馬鹿にしているように感じますし、全く何もないと聞かれていないと感じて不安に思うので注意が必要です。

テンポを合わせる魔法のじゅうたん

それらを、相手の話す口調のテンポに合わせて、挿入していきます。早口の相手ならうなずきや相づちはテンポが速くなります。相手がゆっくり話す人なら、こちらも発する速度を遅くしなければなりません。

あなたは会話をしている相手に、千一夜物語（アラビアンナイト）の「空飛ぶ魔法のじゅうたん」に乗せてもらったようなものです。じゅうたんが穏やかに飛んでいる（相手が話している）ときには自分も穏やかに話し、速く進んでいるときには爽快に早口で、じゅうたんの飛行に激しい起伏があったらこちらも激しく強弱をつけて話すのです。同じじゅうたん（会話）に乗っている者同士という一体感が出るので効果的です。

相手の話に、「うなずき」「相づち」を「句読点を合図に」「テンポに合わせて」入れることは、聞いていることと共感していることの重要なサインとなり、話し手の気分を和らげます。これらは会話を交わす2人の最低限必要な心の懸け橋。自ら表現することが苦手な恥かしがり男《お》のあなたには、今日から心掛けていただきたいと思います。

4 「さしすせそ」は調味料より油になる

デキる女性のさしすせそ

和食料理の味付けの基本となる調味料で、その代表的な使用順も表すために使われている語呂合わせに「さしすせそ」があります。さ＝砂糖、し＝塩、す＝酢、せ＝醤油（歴史的仮名遣いで「せうゆ」）、そ＝味噌、という内容で、料理に興味のない男性でも一度は聞いたことがあるラインナップではないでしょうか。

一方、デキる女性にも「さしすせそ」があるようです。牛乳・乳製品をはじめとする食品メーカー〝雪印メグミルク〟から2017年に発売されたチーズ系デザートに〝重ねドルチェ〟があります。この商品のCMに使われた中村千尋さんの歌う曲〝カサネテク〟には、女性の合コンでの必勝テクニックが面白おかしく紹介されています。この中に〝リアクション3倍で、デキるオンナの「さ・し・す・せ・そ」〟という一節があるのです。デキる女性は、初対面の男性に次の言葉を意識的に掛けることでうまくいく……というそれぞれの言葉の、頭文字をとったものです。

「さ」＝さすが〜！

「し」＝知らなかった〜！
「す」＝すごい〜！
「せ」＝センスいいですね〜！
「そ」＝そうなんだ〜！

これらは、相手の言葉に同調して会話を円滑にする効果があるだけでなく、相手を〝称賛する〟（俗っぽく言うとおだてる）要素がわかりやすく表されるため、女性より単純と言われる男性の自尊心をくすぐるのに効果が高いようです。

好感オトコのさしすせそ

私はこの「さしすせそ」を、調味料や女性から男性への称賛の感嘆詞として使うだけではもったいないと思っています。これらは、〝会話の続く好感オトコのさしすせそ〟として、我々男性も積極的に使用するべきであると考えているのです。

使う言葉は先程の女性版と全く同一ですが、男性の場合は口調を工夫する必要があります。先程の相手を称賛する（おだてる）ような、語尾を上げたり強調したりといった言い方をする必要はありません。「自分の本音がついポロっと出てしまったよ」というように、つい口をついて出てしまったつぶやきのように、しかし相手に聞こえるように声にするのがポイントです。

「さ」＝さすが…（さすがです…）。

「し」＝知らなかったなぁ。
「す」＝すごいですね…。
「せ」＝センスいいですね。
「そ」＝そうなんだ…（そうなんですね…）。

このように、あなた自身が偉ぶったりプライドを振りかざしたりすることなく、素直に相手を認めたり称賛できたりする人間であることを示したことで、相手方としてはあなたに次の言葉が掛けやすくなります。相手は謙遜する意味からも、これらのセリフで会話を終わらせることに遠慮やためらいを感じ、自ら更に言葉をつないでくれる可能性が大きくなります。

さしすせそは接客業の雄にも効果的

私はいつも決まった美容室で髪を切っていて、そこでは20年来の付き合いの社長自ら私をカットしてくれます。地元で50年近く美容室を経営し数店舗を展開する彼は私より一回り以上年上で、今では若いお客さんよりも私のような年齢の者と話が合うようです。

ある日もいつものように、経済情勢や会社の今後の動向など含蓄のある話をしながら散髪してくれました。私はその落ち着いたテンポの口調に合わせながら、発せられる言葉にうなずき相づちを打ちます。そして年上である社長の言葉につい、素直に「知らなかったです…」「スゴいですね」「そうなんですね～！」を連発してしまいました。気づけば、ほとんど私自身のことは話していませんでした。

カット終了後の会計時、お店のスタッフからこんな風に言われました。「社長は、よく話を聞いてくれて話しやすいから、土田さんと話したいって言ってました」。

これまで数多くのお客様と言い尽くせないほどの会話を交わしてきた接客業の雄である社長も、やはり人間の本音どおりに自分が話したいのです。次の言葉がかけやすくなり、自ら言葉をつないでくれる「さしすせそ」の威力を感じずにはいられませんでした。

「さしすせそ」は単なる調味料ではありません。会話の続く男になる、大いなる潤滑油となってくれるのです。

5　魔法の枕詞でそびえたつ初対面の壁を打ち砕く

会話のきっかけの武器となる枕詞

次章以降は、会話の際の姿勢やテクニック、また普段の心構えを具体的にお示ししていきます。ここでは、会話を始めるきっかけをつくるために準備しておくとよいセリフをご紹介します。自分の定番の武器として常に持っておくと便利な枕詞《まくらことば》のようなものです。

クローズドな場ゆえ各参加者との一定の共通点はあるものの、互いの関係性はあまり強くないかまたは互いの面識が全くない集まりに参加することがあります。具体的には、大きな会議・会合、講演会、フォーラムやシンポジウム、学会、総会、商談会、懇親会、異業種交流会、各種のイベントやパーティー、結婚披露宴や二次披露パーティー、婚活パーティー・お見合いパーティー等の場合です。こういった場で、あなたは初めて会う人に気軽に話しかけることはできますか?

面識のない相手にかける掛ける第一声

面識がない相手との間には、果てしなく高く厚い壁がそびえたっているような気がするものです。あるいは、対岸がかすんで見えるほどの幅の大河が横たわっているような感覚にすら陥ります。互いに面識がないので、無理に会話をする必要はないのかもしれませんが、「気まずさを和らげるために、気軽に人に話しかけることができたら、どんなにいいだろう」と思った経験は1度や2度ではないと思います。

そんなとき、そびえたつ壁をうち崩し、軽々と大河を越えることのできる飛び道具が〝魔法の枕詞〟です。この言葉を記憶し、そのままセリフとして使っていただくことができます。なお日常の道端や屋外で、面識のない人に突然に声を掛けることは想定していませんのでお気をつけください。

・婚活パーティーやお見合いパーティーで

↓「せっかくですので…お話してもいいですか?」

・ビジネスマンの集まる懇親会や異業種交流会で

↓「ご挨拶させてください。(または)ご挨拶させていただいてよろしいですか?(…と言いながら名刺を出すそぶりをする。相手も間違いなく同じように応えてくれる）」
・商談会や見本市で
↓「ちょっとお聞きしてもよろしいですか？」
・大型店やスーパーマーケットなどのスタッフに。
↓「少しお伺いしたいのですが、お時間はだいじょうぶですか？」
・友人や知人の結婚披露宴やパーティーの参加者同士として異性に話しかけるとき
↓「すみません、いつの頃からの（新婦との）お知り合いですか？」
・講演会やフォーラム、シンポジウムやなどで隣合わせになった人に
↓「今日はどちらからいらっしゃいました？」
本来の和歌での用途から転じて〝前置きの言葉〟という意味も持つようになったことからも、枕詞がいかに一般会話でも重要性が高い言葉であるかがわかります。

どうせ知らない人だから

ちなみに、これらの枕詞を使ったのに、その後の会話がうまく進まなかった報告も受けたことがあります。でも、それは当たり前のことです。そもそも現時点では、枕詞たるこの第一声以降の会話の続け方をまだお伝えしていません（第2章以降を読み進めてください）。

また会話は人間と人間の行動ですから、１００％うまくいくのは現実にはありえないと思いま

す。うまくいかなかったとしても一切気にせず、「まぁいいや、どうせもともと見知らぬ人だったし」と流すことが肝要です。

そびえたつブ厚い初対面の壁を砕く、

「せっかくですので」、

「ご挨拶させていただいてよろしいですか」、

「ちょっとお聞きしてよろしいですか」。

という第一声たる枕詞。決して忘れないでください。

6 二等辺三角定規のあなたと相手のポジション

会話に及ぼす位置による心理的な効果

「会話が続くようになりたい」「円滑な会話のやり取りができるようになりたい」と願う私たちはこのあと具体的な話し方の手法を学んでいきます。すると、それと並行して「1対1の会話の場合、お互いはどんな位置にいるのがよいですか」「相手の気持ちに及ぼす、よいポジションはありますか」という質問をいただくことがあります。

親しい間柄では位置関係を考えながら話す人はいないと思いますが、初対面や関係性が薄い場合には、会話の際に取る位置関係が会話を交わすお互いの気持ちにどのような影響を与えるのかを知っておく必要があります。その心理的な効果を知っておくと、あなた自身のトークが楽になったり会話を続ける助けになったりします。ぜひ知っておいていただきたいと思います。

あなたは初対面かまたはこれまで2〜3回会った程度等の、親しいとは言えないまだ他人行儀な間柄の相手と会話をすると想定してください。

まず距離については、立っていても着席の場合でも、目線の高さで相手に向かって腕を伸ばし、手が触れない程度以上の間隔を取ると、心理的に違和感がありません。初対面なら互いに腕を伸ばし合っても、手先が触れないくらいの距離がおすすめです。

次に角度が重要です。小・中学校の算数や数学の時間に用意した、二等辺三角形の三角定規の3つの角度を覚えていますか？　直角（90度）、60度、30度です。あなた自身と相手のそれぞれの上半身によって生ずる角度がこれらであることによって、人が心理的に感じる効果が異なってくるのです。

二等辺三角定規の直角の位置関係

まず90度の場合です。これは着席での会話に特に効果的で、カウンセリングなどの場面ではよく使われます。相手に正対するのではなく90度の体の〝開き〟を出すことで、相手側にいい意味で十分な逃げや遊びを与えて、圧迫感を失くします。「いつでも席を立ってもいい」という安心感を与えることができる角度であるからです。

カウンセリングに限らず、相手が学生さんや若い方であるなど自分との間に年齢や立場に差があると判断される場合にも、特にこの角度をおすすめします。

私が過去に受講した〝生きる人の心の支援者〟養成講座でこんな話を聞きました。

支援者側に「心を閉ざしている学生と話をしてほしい」と学校側から要請があったときのことです。学校の保健室で、支援側の大人と相談側の学生さんが、90度の位置関係で着席し合いました。その支援側の大人は初めに「もし困っていることや悩んでいることがあって、それが話せることだったら教えてね」とだけ言いました。相談側の学生さんは警戒からか口を閉ざし、ただ沈黙の時間だけが流れます。

すると何と、支援側の大人は決められた50分間をただそこに座っているだけで、それ以上全く何も話さなかったというのです。質問もアドバイスも、諭すことも一切ナシです。

最後に支援者の大人が「今日は来てくれてありがとう。時間は50分と決められているから、今回はこれで終わりにします。でも、また次回こんなふうに会える約束をしてもいい？」と問いかけました。

すると、その場で次の日時の約束が交わされ、2回目に会った際にはその学生さんのほうから少しずつ自分のことを話してくれるようになったとのことです。

何より支援側の大人の、傾聴に徹する姿勢と感謝の気持ちがこの学生さんの心を動かしたのは間違いないのですが、90度という位置関係の効果を思い知らされる話でした。

余裕と和やかさの60度

次は60度です。90度のときと比べると両者の角度は3分の2に狭まりますので、互いに歩み寄る気持ちと雰囲気が醸し出されます。顔は相手にしっかり向けながら上半身だけ60度に開くことで、緊張が解けた余裕と和やかさをも与えることができます。なお上体の〝開き〟による逃げや遊びはまだ十分に確保されている状態ですので、一定の距離感を保ちながらする一般的で平穏な会話には、この角度が最もおすすめです。

なおこの角度は汎用性が高い一方で、この後お伝えします商談や面接、交渉事などの真剣な場には適しませんのでご注意ください。

心を許す30度

30度まで角度が狭まると、自分と相手との心の距離も狭まっているという気持ちを表現することができます。何度か面識があって互いの顔と名前が一致している場合などは、敢えてこのくらいまで角度を狭めると、こちらが相手に心を許しているアピールになります。

つまり「これまでよりもっと近しくなりたい」という気持ちを示す効果があるので意識的に利用するのもＯＫなのです。外出先や街角・社屋内などで、上半身が30度の角度で立ち話をする2人の姿を想像してみるとおわかりいただけるように、誰とでもこのくらいの角度感覚で話すことのできる自分でいたいものです。

真剣な0度は、リモートでは会話を続ける力が求められる

番外編【その1】として、あなたと相手の上半身同士の角度が0度の場合も考えておきましょう。0度、ということは角度がなくお互いの身体が平行な状態ですので、真正面同士で互いに正対し向かい合っている状態です。先にも少し触れたようにこれらは真面目で真剣な場面に適しており、商談や面談・面接、相談事、窓口業務、交渉事などの場面に相応しい位置関係です。プロポーズという真剣な場面では、ぜひ角度0度の真正面からしたいところですね。

なお角度的な遊びや逃げがないため、その圧迫感が重荷や負担になる場合は避けるべき位置関係です。私が携わる婚活パーティーでの1対1の自己紹介タイム時は、できるだけ真正面に座らなくてもいいテーブルレイアウトを組むのはこのためです。

番外編【その2】としてお気づきいただきたいことは、昨今増えているビデオ会議システムの特性です。これは遠隔地でも会話ができる大変便利な仕組みですが、画面を介しての会話であるためにここで申し上げてきた角度による調節ができません。直接会っているように感じますが、実際に互いの身体は目の前にないことから、90度・60度・30度と角度を付けて話しても意味がありません。すべての会話が面と向かった真剣な会話の状況になってしまうということです。

初対面の場合はその分、会話を続ける力が求められてしまいますので、ビデオ会議システムを駆使した来たるべきリモート会話時代に備えて、次章からの具体的な手法を自分のものにしておく必要があると痛切に感じています。

7　あなたは今のままでいい

「心を強く、堂々と振る舞い、自信が持てるようになりたい」

これまでご紹介した通り、恥ずかしながら私は幼少期から学生時代まで、内気で大人しく自信のない男でした。それにも関わらず会社勤めを辞めて自分で会社を興してしまったため、経営者としての自身の不甲斐なさを痛感する場面が多くありました。

しかし、そんな自分の弱さを鍛えるとともに進む道を指南してくれる人など周囲にいるはずもありません。「どうやったら心が強くなれるのか」「どうやったら堂々と振る舞えるようになれるのか」「どうしたら自信が持てるようになれるのか」は、自分で見つけていくしかありませんでした。

社会人をスタートしたときに就いたのが接客・サービス業で、起業に選んだのも業種こそ違えど接客・サービス業。そういった人相手の仕事を選んだならば、人との会話を極めなければならない。それには多くの人と接しなければならない。それならば人と出会う場を意識的に増やさなければならない。そうすることで、一《いち》接客マンとしても経営者としても自信が持てるようになるヒントも掴めるかもしれない……。

そんな思いから、自分のタメになりそうなセミナーや勉強会、講座や講演には積極的に参加し、また事業の傍ら非営利の各種団体や活動に積極的に参加するようになりました。会社で加盟する業界団体はもちろんのこと、地域の経済団体や異業種の団体組織や交流会・各種の協議会、果ては自分の住む地域の自治会や子どもの通う学校のＰＴＡ・少年団・部活動の保護者団体まで、縁があった団体や活動には積極的に所属し関わっていきました。

もっと簡単に会話が続くようにならないものか

12年以上を経て、少し時間はかかりましたが、私自身は1人の大人として、男としてまた経営者として、自分なりにあるべき姿にはたどり着けたと思っています。

しかし一方で、会話の力のことを考えたときに、自分のこの行動には疑問符がつくのです。と言うのも、もともと少年時代からの自分が悩んでいたのは、恥ずかしがり屋で内気なゆえに人との会話が続かずスムースに話せなかったことだったはずなのです。

それを克服するためには、こんなにも時間と手間と努力（と、ちょっとだけお金）を費やさなければならないのか？

こんなに大変な思いをしなければならないのか？

もっと簡単に1対1の会話が続くようにならないものなのか？

ということに気づいたからなのでした。

本書をお読みのあなたをはじめ、恥ずかしがり男《お》の私たちが手にしたいのは、日常にも仕事にも、そして異性にも評価される〝会話を続ける力〟のはずです。それ以外を求めているのではないと思

【図表６　恥ずかしがり屋の能力が会話の続く秘訣】

恥ずかしがり屋の
能力を最大限に
発揮することが、
会話の続く秘訣だ！

うのです。会社を興した私が目指したような、積極的で自信のある人間に豹変する必要などありません。

恥ずかしがり屋の能力こそ会話が続く

あなたは今のままでいいのです。恥ずかしがり屋で心優しい、今のそのままのあなたでいてください。１対１（またはグループ）での会話で、相手をうまくリードできなくたって全く問題はないのです。

たくさんのお客様に関わらせていただいてきた接客と、事業と並行して取り組んだ会話を極めるための活動を通してわかったことは、会話を続ける力を持つ人とは、次の３つのことが当てはまる人でした。

①自分を目立たせないことに徹し

②相手を利用することに徹し、

③相手を目立たせることに徹する

つまり、〝今の自分自身の恥ずかしがり屋の能力を最大限に発揮することが、会話が続いてうまくいく秘訣である〟ということがわかったのでした。

満足される会話は奉仕

会話が続くことは、自分だけが話して気持ちよくなるマスターベーションの発想では実現できません。

「会話とは自分が満足するものではなく、相手を満足させるための〝奉仕〟である」。極論ですが、このように考えているとちょうどいいという結論に達しました。会話とは両者が対等に同等に交わすのが理想であり、この結論は賛否の分かれるところだと思いますが、〝相手に満足される会話〟を追求するとしたならば〝会話は奉仕〟と考えるとうまくいくのです。

本章の冒頭にお伝えしたように、自分自身も含めて世のすべての人間は自分が話したいと思っています。ですから油断すると、あなた自身もつい自分のことを立て続けに話してしまいます。

この人間の本音と、会話は奉仕という極論の両方を知ることで、私たちは誰よりも客観的に自分と相手の話す量をコントロールできるようになるのです。

第2章

会話が続く男になるための日々のアクション

1　あなたが視線を向ける先

気負わず今日から始める訓練

この章では、あなたがいつでもどこでも誰とでも会話に困らない男性になるために、日々行っていただきたい訓練についてお話します。

日々の訓練と言っても、辛いものでは全くありません。お金はかかりませんし、わざわざどこかのトレーニングルームに行く必要もありません。気負わず今日から始めることができます。

歩く際に向ける視線の先

あなたには、視線を向ける先に着目していただきます。人は歩く際、視線の先をどこに向けて進んでいると思いますか？

そんなこと、考えたことも気にしたこともなかったと思います。身近な場所で構いませんので、まずは実際に歩いている人を観察してみてください。

たいていの人は前を向いて歩いていますが、どうでしょう、多いと2～3割程度の人が、下向きに視線を落として歩いていることに気づきませんか？　他者との距離にゆとりのある安全な歩道なのにも関わらず、その視線が地表面と平行でなく、かなり…30度から45度近くまで…下がって歩いている人すらいるのです。

目撃した視線の下がっている人を、もう一度見てください。いま一つ自信がなさそうではありませんか？　会話がうまいようには見えないと思いませんか？　――実際に、自分や会話に自信のない人は、無意識に視線が下に落ちていることが多いのです。

ということは会話に困らなくなるために、まずは視線を下げずに前に進むことが必要になります。

視線を下げずに進む――これが会話を続ける男になるための第一歩です。

視線を地表面と平行に保って歩く

あなたは今日から、〝視線は地表面と平行に保ち、真正面を向いて歩くのが基本〟であることを常に意識して歩いてください。

ただし「下を向くのが悪い」と言っているのではありません。極端に混雑している道や駅の構内・建物内であれば、衝突や接触を防ぐために視線を少し落として進路を取って歩く必要があります。つまずいてしまうような穴や障害物・落とし物があるなど、交通事情や道路事情、周囲の環境に応じて視線を平行から外せばいいのです。

近所のコンビニエンスストアやいつものお店に向かうとき。

駅のホームや街中の歩道を進むとき。

通りの多い車道で横断歩道を進むとき。

車を駐車場に駐め、マンションの廊下を自宅の扉まで進むとき。

家庭で出たゴミを、お住まいの地域で決められているゴミ集積場に持っていくとき。

このような些細なときにこそ、あなたは歩く際に視線を地表面と平行に保つ訓練をしてください。常日頃《つねひごろ》実践し、それを習慣にして身体に染み込ませることが大切なのです。

2　頭頂部を引っ張り上げて歩く

次に気を留めるのは頭頂部

歩く際に今程の〝視線を地表面と平行に保って真正面を向いて進む〟ことを実践していると、無意識にあごが上がっていき、自分では気づかないうちに〝人を見下すような横柄な殿様ポーズ〟になってしまうことがあります。これではいけません。

視線の次に気を留めていただくのは、あなたの頭頂部です。会話を続ける力を持つ男になるために、頭頂部はとても重要なポイントです（ちなみに、頭髪の量は一切関係ありませんので、ご安心ください）。

では、その場で起立してみてください。若かりし頃に記憶のある身体測定や会社の健康診断の際に使う、身長計に載ったときのように真っ直ぐに立っていただきます。あごは引き、両方の手のひらはそれぞれのももの側面につけて「気を付け」の直立不動の姿勢になってみてください。

このときあなたの頭頂部、即ちご自身の感覚で身体の中で最も高い位置と思われる頭の頂点部分を、手のひらを広げて覆ってみてください。すると手の中心は、つむじのある位置かそれより少し正面（顔面）寄りにくるのではないかと思います。そこで手のひらを真上に向けてつぼめるように閉じながら引き上げてみてください。泡立てたせっけんを真上に伸び上げるようなイメージですね。するとその引き上げる（伸び上げる）向きは、地表面に対して垂直になるはずです。

頭頂部を垂直に引っ張り上げながら歩く

それでは腕を下ろし、その垂直を保ったまま前方に歩いてみてください。

あなたの頭頂部を、地面に対して垂直に引っ張り上げるようにしながら歩きます。頭頂部に取り付けられた糸を真上に引っ張られながら、その糸をあなたの身体の縦の軸にして歩く、と言ってもいいでしょう。

〝頭頂部を垂直に引っ張り上げる〟というのがピンと来なければ、子どもじみた言い方になりますが、歩く際にあなたは頭上からロケットを発射させていると想像してください。ロケットは発射台から上空に飛び立つとき、地面に対して垂直（真上）の向きで宇宙に向かって発射されます。垂直でなく斜め方向に飛び立ったり倒れてしまったりしては失敗です。自分の頭上に設置されている発射台からのロケット打ち上げが成功するよう、頭頂部が常に真上に向くように保ちながら歩く、というわけです。

先程お伝えしたように、あなたの視線は立っている地表面と平行の向きで真正面を見据えています。その状態で頭頂部を垂直に引っ張り上げるように（頭上のロケットを真上に発射させるように）しながら歩くとどうなるか。背筋はピンと伸び、あごが突き出ることもなく、決して人を見下すような横柄な殿様ポーズにもなりません。周りからはかなり自信のある風格で歩いている男性に映ります。その印象は、あなた自身を変えていくはずです。

頭頂部の体勢が、会話が続く男の姿勢の基礎をつくるのです。

3　おっぱいミサイルを命中させる

初の巨大ロボットアニメ「マジンガーZ」

少し古い話で恐縮ですが、「マジンガーZ（ゼット）」をご存知でしょうか。

１９７２年秋から少年漫画週刊誌に掲載された永井豪氏原作の漫画で、同時期にテレビアニメとしても放送されました。巨大な人型ロボットに人間が搭乗して操縦する〝巨大ロボットアニメ〟に分類される初の作品で、テレビでの平均視聴率は22・1％という人気となりました。続編の「グレートマジンガー」「ＵＦＯロボグレンダイザー」と合わせると4年を超える長期シリーズとなり、超合金という名のダイキャスト製のキャラクター玩具も大ヒットしたことで、日本のアニメとそのキャラクタービジネスに大きな影響を与えた画期的な作品です。

近年では、2018年1月に「劇場版マジンガーZ　INFINITY」として劇場版アニメが上映されたので、覚えていらっしゃる方もいると思います。

「アフロダイA」の武装

この作品の中で私の注目するのは、主人公に好意を寄せるヒロインが操縦する女性型ロボット「アフロダイA《エース》」です。

非戦闘用機ながら、マジンガーZのサポートメカとして敵と戦う場面がしばしばあります。このロボットには〝光子力ミサイル（またはアフロダイミサイル）〟という武装があり、1発あたりのその威力はマジンガーZの武器の代名詞であるロケットパンチ（前腕部分離型ミサイル）より強力という設定！　何とも頼もしい武器なのです。

実はこの光子力ミサイル、両胸から発射する大型ミサイルです。テレビアニメでは、操縦者であるヒロインの「ミサイル発射！」という掛け声とともに、胸……つまりおっぱいがそのまま弾頭ミサイルとなって発射されるというものです。全92話のうちの第62話目では、彼女が「おっぱいミサイル！」と明言して発射を実現しています（図表7参照）。

女性の身体をモチーフにしたロボットならではとは言え、何ともシュールな設定。原作の漫画の掲載とテレビアニメの放送は昭和40年代後半であることから、このような今では厳しい（ありえない⁉）設定やキャラクターデザインが見られるのも興味深いところです。

大胸筋を進行方向に向けて歩く

話を戻します。

私たちが会話に困らない男になるためには、頭部については視線を水平に保ち、頭頂部を垂直に引き上げながら歩いてほしいとお話しました。頭はこれでＯＫですが、次に気を配っていただきたいのが上体（上半身）です。

あなたの胸やお腹のある上半身前面は、歩く際には進行方向に向かっていますね。では横から見たとき、上体の角度はどうなっていますか？　真っ直ぐに立っておらず、前傾姿勢になっていませんか？

歩くときの上半身は、あなたの大胸筋——上体を正面から見て、肩の下部の鎖骨から乳首までの間の胸の筋肉——を進行方向にしっかり向ける必要があります。大胸筋がやや下向きになっているのであれば上体が前傾していることになりますから、我々が目指している会話の続ける力のある男性とは言えません。

おっぱいミサイルを発射し命中させながら歩く

ただ大胸筋と言っても専門的でとっつきにくくインパクトもないため、「大胸筋を進行方向にしっかりと向けて歩こう」などと言ってもピンと来ません。

そこで、このように歩いてください。

「〝おっぱいミサイル〟を図表7のように真正面から来る相手に発射し命中させながら歩くべし！」

【図表７　これが"おっぱいミサイル"発射だ】

なんとバカバカしい。でも、イメージしやすくありませんか？

おっぱいミサイルを真正面の相手に発射し命中させるには、先にお話したように頭部だけではなく、上半身は前傾せずに垂直に立っていなければなりません。歩く際に、常に背筋が伸びた状態を保っていれば、胸から発射したミサイルが正面の相手に真っ直ぐに命中するでしょう。あなたが男性で、おっぱいの有無を論じるのはここでは意味はありません。姿勢の問題です。

いつでもどこでも、その姿勢を常に忘れずに歩いていただくことが会話の上達に必要なのです。あなたの頭頂部から背筋（背骨）までは真っ直ぐな一本の軸が通っていて、その軸はいつも地表面と垂直を保っている。視線は地表と平行に先を見据え、おっぱいミサイルが水平に飛ぶように胸は正面を向ける。これで身体は完璧です。

視線・頭頂部・胸や背骨と続いたら、身体の基礎となる足にまいりましょう。

その正しい運び方を、次にお示しします。

4　グラウンドに引かれた白線

屋外スポーツや競技に引かれる白線

屋外スポーツは時を経るにしたがって環境が整い、スタジアムやコート・フィールド等が建設される際には既にラインを引いた状態でつくられることが多くなってきました。サッカーやラグビー、テニスや陸上競技などでは、憧れの天然芝はもちろん人工芝も共存するハイブリット芝・化学樹脂でコーティングした素材・室内用のカーペット状など、様々な仕様の競技面に引かれたラインを見ることができます。

一方で、小・中学校や高校の体育の授業や部活動または運動会・体育祭などで、自らグラウンドに白線を引いた経験のある方は多いと思います。厚地の紙袋に入った石灰を舞い立たないよう2輪または4輪の車輪の付いているラインカーに移し入れ、真っ直ぐに引いた憶えはありますよね？　線が左右にずれると「根性が曲がっているから線も曲がるのだ」などとお約束の冗談を言われたりする、あの白線です。野球をしている方なら、グラウンドのベースのある土の部分にはラインを引くでしょう。

すべての直進ルートに自分で白線を引く

さてあなたはこれから徒歩で、ある目的地まで進みます。

例えば自宅から駅まで、駅から職場や学校まで、勤務するオフィスから昼食を買いに行くお弁当屋さんまで、または今いるカフェから車の駐まっている駐車場まで…。

目的地に到着するまでには幾度かの右折・左折や斜めの移動はありますが、実際に歩く際にはそのほとんどが直進であるはずです。

そこで、目的地に到達するまでにあなたが歩むすべての直進ルートに、自ら白線を引いてください。目的地までの直線部すべてに、ご自身で白線を引くのです。もちろんこれは架空の話で実際に線を引くわけではありませんが、ご自身の進行方向に、スタジアムやコートのように真っ白な直線を埋め込むか、ラインカーで石灰による白線を引いたと想像してください。

白線の両端をわずかに踏みながら歩く足運び

歩く際には、この直線を両脚の中心に据えて前進してください。あなたは股の中心部に白線をまたいで立ちます。そして白線の両端を、左右の足の土踏まずの部分でわずかに踏むようにしながら歩いてください。あなたが架空で引いた白線の幅が細めだった場合なら、白線の両端に触れることなく歩いても問題はありませんが、足の親指側が内向きにならないように注意してください。

歩幅は、おおよそあなたの肩幅と同じくらいを目安に足を前後に踏み出してください。歩幅と肩幅は垂直の位置関係にありますので、だいたいの感覚で結構です。大切なのは歩幅が狭すぎたり広すぎたりしないことだと憶えておいてください。

ちなみに女性の場合なら、足の裏の指のつけ根部分の筋肉（母趾内転筋横頭）を使って、引いた白線の上を綱渡りするように歩くことをおすすめしています。この歩き方は歩幅も広くならず女性の美しさが引き立ちます。逆に男性はこのようにならないようにお気を付けください。

なお、あなたが立ち居振る舞いで自信のある自分を演出したいと考えるなら、（土踏まずではなく）左右それぞれのかかとの内側部分で白線の両端を踏むように歩くと効果的です。

視線と頭頂部とおっぱいミサイル、そしてこれら足運びにお気をつけいただき、右腕・左腕と右脚・左脚を前後に大きく振りだして歩いてください。するとどうでしょう。これまでとは別人のようにキリッと歩くあなたになっているはずです。

会話が続く男になるためには、まずはこの正しい歩き方の４点セットをマスターしてください。

5　取材ヘアで外出する

頭の見た目に気を回す

さて、１対１の会話では相手の目を見て話すことが理想ですが、それが不得手という方は意外と多いものです。かく言う私自身も、相手の目を正面からバシッと見すえて話すのはちょっと苦手です。そのような場合は相手の口を見て話すのがおすすめです。一方、「顔のほぼ中心部である鼻を見て話すと相手にとって違和感が少ない」と言う人もいて、これもまた一理あるなぁと感じています。

また２０２０年に世界中で猛威をふるった新型コロナウィルスをきっかけに利用が増えたビデオ会議システムは、生身の人間こそ目の前にいませんが、パソコンやスマートフォンの映像をオフにしないかぎり、お互いの首から上（頭と顔）を見て話します。

これらのように、生身の人間同士のリアルな会話でも画面越しのやり取りでも、面と向かって話す場合には相手は少なからず、自分の頭のどこか一部分を見て話すことになるのです。

そこであなたには、人と会う可能性のあるすべての外出時や画面越しの会話時に、常に頭の見た目に気を回すこと……つまり〝髪形を整える〟ことをお願いしたいと思います。この章ではこれまで、視線や頭頂部や胸部・足運びなど身体の〝姿勢〟に気を配ることをお伝えしてきましたが、次にあなたが気を回すのは、頭部の見た目＝髪形です。

テレビカメラを出迎えるのがあなたの整えた髪形

男性は女性と比べると身繕いには無頓着な方が多く、髪形にもさほど気を使わない人が一定数みられます。顔には化粧を施しませんし、ありのままの姿で勝負するところが男性のよさでもあるわけですが、会話の続く男になりたいのなら、髪形を整えるのは必須事項です。

整える、というのが具体的に髪をどうすることかイメージしにくければ、例えばあなたが専門とする仕事の分野について、テレビ局から取材の依頼があったと想像してみてください。いざその取材の日、あなたがテレビカメラを出迎える髪形が〝整えた髪形〟です。

取材でテレビカメラに映るからといって、美容師さんにばっちり仕上げてもらおうと考える男性は少ないかもしれません。しかしあなたは少なくとも自宅で自分なりにセットし、人前にさらけ出しても（!?）後悔のない髪形でカメラに臨むはずです。

会話の続く男になりたいあなたがとるべき行動は、外出時および会話時には必ず〝取材でテレビカメラに映ってもいいと思える髪形〃に整えていただくことなのです。

さらけ出せるヘアスタイルで

若々しく髪が多い方なら、整髪料などを使ってキレイに整えてください。少し歳を重ねた白髪だとしても黒髪から色が変化しただけですから、やはりスタイルを整えてビシッとキメましょう。坊主頭と言われる短髪なら、伸びた庭の雑草のようにはせずマメに刈り込んでシャープさを保ちましょう。

もし頭の上部には髪がなかったとしても、側頭部（両耳の上部）や後頭部にキープしている部分は伸び散らかさず端正にカットし整えます。またスキンヘッドだとしたら、汗まみれで脂《あぶら》ギッシュな状態は避けて、頭皮をきれいに拭き上げて清潔さをアピールします。髪の色や量は問題ではありません。

外出や会話の際にはいつも、テレビカメラに映ってもいいと思える髪形、即ち人前にさらけ出ても恥ずかしくないようなヘアスタイル——即ち〃取材ヘア〃——をあなたにお願いしたいのです。

取材ヘアのような髪形に整えていると、わずかですが人と会話を交わすことへの抵抗感や障壁が減ります。これまでの自分と比べると、少し積極的な気持ちが生まれているのに気づくはずです。

この些細な外向きの気持ちが何より大切です。この後にお伝えする、会話を続ける男のテクニックの効果を最大限にするための必要事項なのです。

6　お気に入りの服装で風呂上がりのコンビニを

取材を迎え撃つのはお気に入りの服装

もう1つ例え話をします。

先程の取材後も真面目に日々の生活を送っていたあなたに、今度は「あなた個人の日常を、一消費者の面からクローズアップしたい」とテレビ局からまた取材の依頼があったとしましょう。再度顔が映るので恥ずかしいし、インタビューされてもなんて答えたらいいか悩むと思いながらも、まんざらでもないあなた。前回は仕事関係の取材でしたのでスーツや制服・作業着姿での登場でしたが、今回の服装について取材担当者に問い合わせたところ、「服装は自由でいいですよ」と言われました。自由ということは私服を着ることになります。さて、あなたはどんな出で立ち（服装）で当日を迎えますか？

このような場合、あなたはその時点での〝自分のお気に入りの服装〟でテレビカメラを迎え撃ち、取材に応じると思います。着古して色褪せたり、劣化してくたびれたりした服装はしないはずです（そのような衣類はお気に入りというより着古した服と呼び名が替わります）。

あなたは今日から、一たび屋外に出るときには今の例で選んだような〝自分のお気に入りの服装〟に着替えて外出してください。外出時には義務とし、決して面倒くさがってはいけません。

自信がなければＴＴＰ

自分のお気に入りの服装と言われても特にないし、どんな着回しやコーディネートがよいのかなんてわからない、という男性は意外に多いものです。自身を美しく見せる（魅せる）ことに長けている女性からは考えられないことかもしれませんが、それが男というものです。

その場合は、お店をＴＴＰしましょう。第1章でも登場した〝徹底的にパクる〟（Tettei Tekini Pakuru）、つまり真似をすればよいのです。例えばあなたがコストパフォーマンスに優れたファストファッション好きなのであれば、そのお店の売り出しなどの際にウェブサイト（ホームページ）やチラシ広告などに掲載されるモデル着用の姿を見て、そのまま取り入れればよいのです。

「モデル着用の服装は誰もが目にしているので、真似ていることがすぐにバレてカッコ悪いのでは？」などと心配する必要はありません。その画像や写真はどんどん新しいものに差し替わって行きますから覚えているほうが困難ですし、覚えているとすればあなたと同じようにその服装やコーディネートを参考にしようとしている同志です。仲間としてむしろ歓迎すべきでしょう。

省略していた手間と出費をかける

テレビ局からの取材というのは例えでしたが、要するに外出時には常に人に見られてもいいようなお気に入りの、つまり〝自信を持って人と会える〟姿をしていることが、会話の続く男になるための必須な環境であるということなのです。

あなたはこれまで、お風呂上がり後の夜に室内着のまま自宅近くのコンビニエンスストアに買い出しに行ったことはありませんか？

または自宅で寛ぎ中に買い物を忘れていたことに気づいて、ちょっと首周りの伸びたホームウェアのまま近所のスーパーに行ったことはありませんか？

また久しぶりの平日休みの朝なのに溜まっていたゴミを出す日だったことを思い出し、起床したばかりの姿で慌てて町内の集積場に出しに行った経験はありませんか？

こんなとき、出た先で知っている人を見かけた際に、あなたはどんな行動に出るでしょう。

・目立たないように下を向いたり気づかれないように回り道をしたりするか

・積極的に挨拶をするか

どちらですか？

たぶん多くの人は後者だと思います。髪や服装などの環境が整っていないと、人はバツの悪さを感じて人目を避け、悪いことをしているわけでもないのについコソコソと隠れてしまいます。これではいけません。会話に困らない自分をつくるためには、あなたが一たび表に出るときには常に顔を上げて堂々としていることのできる状態を整えてください。

これを例えたのが「テレビ局の取材を受けるときの髪形と服装を」ということです。

いちいち面倒だし支出も必要かもしれませんが、高級な服装である必要はありません。自身が気に入っていて、人前に出ても恥ずかしさを感じない、〝プチ自信の持てる〟姿であればいいのです。

髪と服装――。これまでは省略していたわずかな手間を掛けて行動することが、会話を続ける力を手にする紛れもない第一歩になるのです。

7 まとめてみれば「できそうだ」

ヒットを打つために必要な正しいフォーム

この章では〝いつでもどこでも誰が相手でも、会話が円滑に続く男性〟になるために、常に行っていただく訓練についてお伝えしてきました。訓練と言ってもそのためにわざわざ時間をとって行うキツく辛いものではなく、あなたが外出するときや歩く際などに心掛けて実践していただくだけの日々の具体的なアクションを、身体の部位別にお示ししました。それらをわかりやすいように1つの絵に表したのが、次のページの図表8です。このように1ページでまとめると「このくらいはできそうだ」と思えるのではないでしょうか。

一見関係なさそうに思えるかもしれませんが、人との1対1の会話を続ける力を得るためには、まずこのような正しい身体の姿勢を身につけることが必要不可欠です。いくら実践的な技術やテクニックを学んでも、正しいフォームで打席に立たなければヒットを打てないのと一緒なのです。

この章は会話の続く男になるためのホップ・ステップ・ジャンプのうちの第一段階である「ホップ」です。では、次の「ステップ」に進みましょう。

【図表８　会話の続く男に必要な身体の姿勢】

第3章

日常生活でも異性からでも支持される、会話を続けるテクニック

1　女性の7割が相手に選ぶ男とは

女性は男性を選ぶときどんな要素を必要とするのか

私は、「業務上の効率は求めず丁寧な仕事ぶり・言葉遣い・行動に徹する」をポリシーとする、準備から当日までをお手伝いをするウェディングプロデュース会社を経営しています。会社では創業以来1，200組を超えるお客様のお手伝いをしており、結婚する（または結婚を決めた）男女に最も近いところにいます。

創業以降のポリシーから、お客様ご夫婦とは雑談が多くなり、自ずと親しくなります。すると次第にご夫婦に、「相手の惹かれた点や、好きなところってどんなことですか？」と聞くようになりました。初めのうちは素敵なカップルに少しでもあやかりたいという気持ちだったのですが、次第にきちんと記録を取るようになりました。

弊社をご利用いただいた最新の160組のご夫婦のうち、女性（奥さん）方《がた》の意見を抽出してみました。つまり「女性は男性を一生のパートナーに選ぶとき、どんな要素を必要とするのか？」という男にとっては究極のテーマについて調べたのです。質問には複数回答も可とし、得られたすべての回答を種類別に分けました。それぞれのカテゴリーを選んだ人数の全体に対する割合を集計したのです。

すると、このような結果となりました（パーセンテージは小数点以下を四捨五入しています）。

1位：優しいところ、穏やかさ（51％）
2位：受け止めてくれて安心できる点（28％）
3位：人として尊敬できるところがある（21％）
4位：人として性格がいい（16％）
4位：男として頼りがいがある（16％）
6位：自分を楽しくさせてくれる（11％）
7位：自分（＝奥さん）と合う・似ている（8％）
7位：笑顔がいい（8％）
次点は、よく話したり褒めたりなど嬉しいことをしてくれる（6％）
　　家族や友達思い（5％）…などでした。

1位の「優しい」「穏やか」には、思いやりがある、穏和、怒らない、温かい…等の同義の言葉が集まっていました。また2位には、夫として常に自分を気遣ってくれる、自然体でいさせてくれる、支えてくれる…等、精神的な安心や安定を感じる要素が選ばれていました。

7割の女性が「この人といたい」と感じた要素とは

複数回答の中で「優しいし一緒にいると落ち着ける」といったように、1位と2位の両方を答え

【図表9　女性の７割以上が優しく穏やかで安心できる男性を選ぶ】

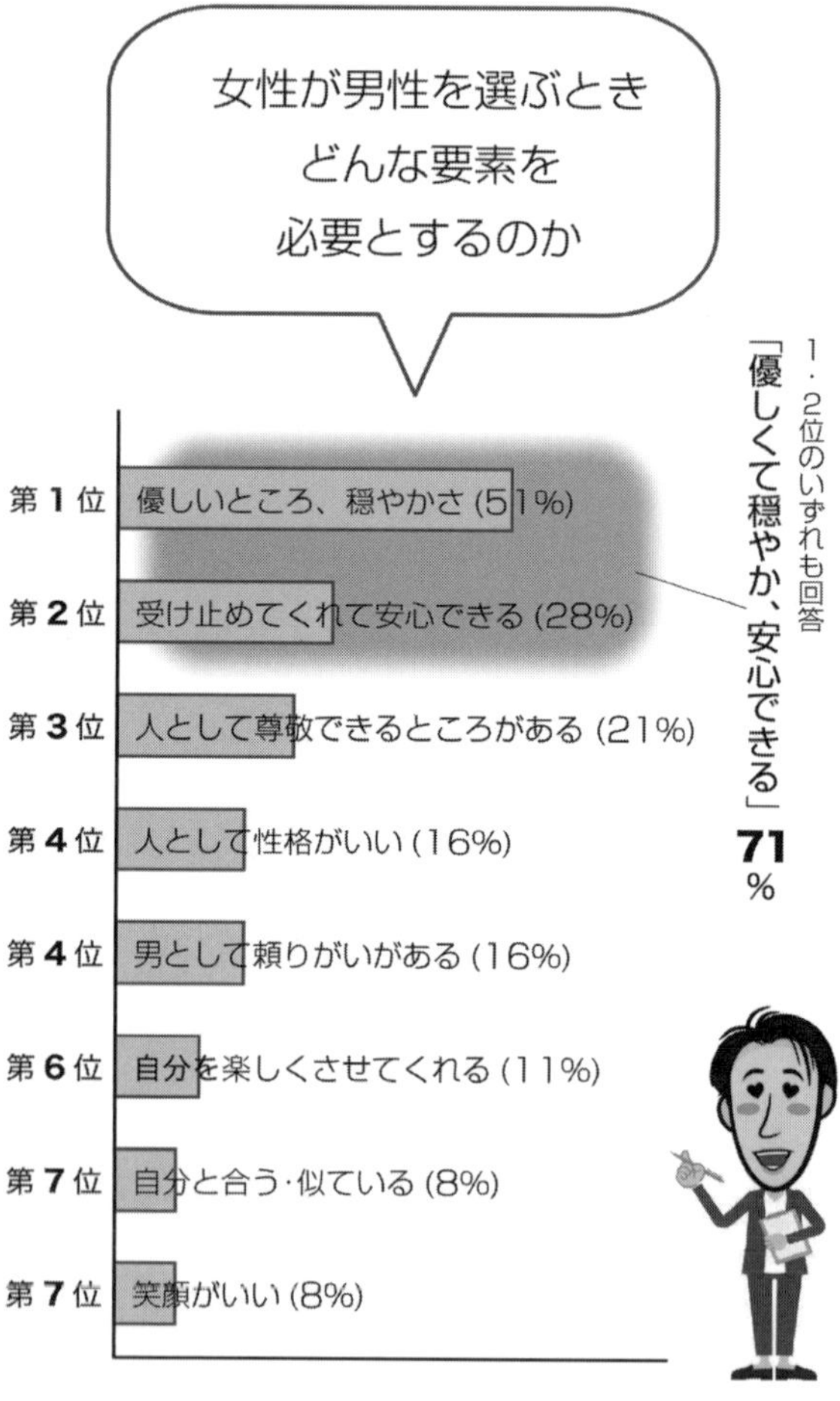

※ウェディングプロデュース会社「ぐれいす (GRACE)」の 160 組の結婚カップルの女性側への調査による。複数回答·重複回答あり。
2020 年３月現在

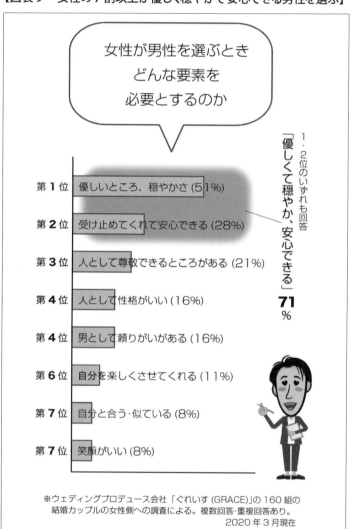

た女性が多かったことから、上位の2要素を選んだ女性の率を（複数回答分を差し引いて）計算してみました。すると実に71％の女性が自分の夫を「優しくて穏やか、また安心できる人だから一緒にいたい」と感じて結婚していることがわかりました（図表9参照）。

この集計をする前の私は、「背が高くてカッコいいから」「顔が好みだから」「運動神経がいいから」などが少なくとも3位までの中に1つくらいはランクインするのだろうと想像していました。しかしブライダルの仕事を通して、なんとなく肌感覚で「男（に必要なもの）は顔や見た目ばかりじゃないのかもしれない」と感じるようになっていたとおり、実際にも顔や見た目のよさと答えた女性は、１６０人中１人たりともいなかったのです。

あなた自身をわかってもらうために必要な力

この結果から〝結婚や恋愛には、男性の外見や容姿は関係がない〟ことがわかりました。

出会いがあっても話せないことには先に進みません。次にあなたが必要なのは、あなた自身が「優しくて穏やかで安心できる人」であることをわかってもらうために、1対1の会話を続ける力なのです。

ここではこの事実に気づいていただき、会話ができる人になるためには具体的にどうしたらいいのか？　について、次のページから読み進めていただきたいと思います。

2　柔和な顔は山括弧

婚活イベントで収穫を得られない男性の共通点

私は、結婚につながる出会いの機会をつくって、未婚者を応援する特定非営利活動法人（NPO法人）の副理事長を務めています。そこで婚活イベントを開催すると、私は参加男性のサポート役に回ります。すると関わり始めてからすぐに、婚活イベントで収穫を得られない男性にはある共通点があることに気づきました。

――表情がない（硬い、ブスっとしている）のです。

「怒ってます？」「僕、何か気に障ることしましたか？」と聞きたくなるくらいに。

当の本人は全くそんなつもりはなく、ひたすら真面目な表情で真剣に参加しているだけだと推測します。生まれながらに持つ性格や育ってきた環境も手伝ってのその表情なのですから、やむを得ない部分もあるでしょう。

しかし、恋愛にもつながる1対1の会話が続く男になるためには、その表情はいただけません。初対面の相手を前にして、表情がなくブスっとしている（ように見える）あなたでは、好感を持たれるはずがないのです。逆の立場に置き換えてみて、あなたの前にいる初めて会う人が硬い表情で怒っているように見えてしまったら、会話をしようとする気も失せてしまいますよね。

柔らかく笑って見える表情のつくり方

逆に柔らかい表情は、それだけで知らない相手との間の壁を低くし心理的な距離を縮めます。人と話すときは、少しでいいので柔らかい表情や笑ったように見える表情をつくりましょう。

では、そういった表情はどうやってつくるのでしょうか？

まず鏡を用意し、その前で笑わない真面目な表情をしてみてください。

次に、口は閉じたまま、その両方の口角――口の左右両方の端――だけを、少しだけで結構ですので上にあげてみてください。上げるのはあくまでも両方の端の口角だけ、というイメージです(但し実際には両端だけではなく口全体が上がることになりますが…)。

それを鏡に映して見てください。

いかがですか？　目は笑っていなかったとしても、一切笑わない真面目な表情のときと比べると、図表10の上のイラストのように、少しだけ印象が柔らかく感じませんか？

初対面の際には、まずはその表情を心掛けていただきたいのです。相手からすると、間違いなくあなたとの会話を交わすためのハードルは下がり話しやすくなるのです。鏡で映し出して感じた自分の表情の柔らかさを決して忘れず、実践してください。

相手が各段に話しやすくなる表情

慣れてきたら、次は応用編です。

【図表10　柔らかい表情・話しやすい表情】

先程の両方の口角を上げる際に、同時に両方の目尻――あなたの両方の目のそれぞれ外側の端――を下げるようにして笑顔をつくってほしいのです。両方の目尻を下げると、結構な具合で表情が崩れます。

左の目尻と左の口角、右の目尻と右の口角と左右どうしで考えると、両目尻と両口角で「山括弧」（＜と＞）をつくるイメージで顔の表情ができることになります。人と話すときにつくる表情は、必ずこれを心掛けていただきたいのです。

真面目な表情のときと比べると表情が「クシャっ」としたものになりますが、図表10の下のイラストのように、相手はあなたと格段に話しやすくなります。男性なら女性の前で少しは格好をつけたいところですが、いいカッコをするよりも笑顔のよさを伝えたほうが、大人としてはどれほどメリットがあることか。会話上手はまず話しやすい環境をつくることから始めます。

まずは鏡を使い、今日から練習をしてみてください。

3　常に「あなた」に投げかける〝あなたファースト〟

大原則はあなたファースト

さて、いよいよ話し方のテクニックに入っていきます。

この３から７までの目次見出しの５項目は、ある大原則に則り、１対１の会話が続くようになって、あなたが異性から〝穏やかで安心できる人〟と気づいてもらえるための具体的な方法です。

その大原則とは〝あなたファースト〟です。

これは、「誰とでも滑らかにかつ和やかに会話を続けたいのなら、目の前にいる相手をひたすら話の中心にした〝あなたファースト〟に徹するべき」ということなのです。

先にお伝えしたように、人間は誰しも「自分が話したい」と思っている生き物です。家族とでも親しい友人とでも、また仕事上で背筋が伸びるような相手であっても、たとえ面識のない初対面の相手でも、それは変わりません。

であるならばそれを利用して、相手にしゃべらせたほうが楽なことこのうえないですし、その結果として会話が続くことで相手から好感を持ってもらえることにつながっていくというわけです。自分自身が一生懸命に自らのことを話したり、印象をよくするために博識なところを見せたりなどする必要は一切ありません。

常に〝あなた〟に投げかける

この項ではまず「〝あなた（＝話す相手方）〟についての内容を、常に〝あなた（＝話す相手方）〟に投げかける」技をお伝えしたいと思います。

「（あなたは）どちらからお越しですか？」

「（あなたは）このお仕事は長いのですか？」

【図表11　常に"あなた"に投げかける】

あなた(話す相手)
の内容を、常に
あなた(話す相手)に
投げかけてください

「(あなたが) ここに来るまでにはどのくらい時間がかかりますか？」

「(あなたの持っている)その傘は珍しい柄ですね、どこで買えるのですか」

「(あなたが) おすすめの映画は、どんなところが推しだと思います？」

「(あなたに) お酒を持ってきますよ、アルコールは何が好きですか？」

「(あなたのものである)この車、カワイイですね！この色は何と呼ぶのですか？」

「(あなたが) 泣かせられたその小説の作者は誰です？」


……このように、とにかく相手に対しての話を振ってほしいのです。

人間は自分が話したいと思っている生き物ですので、本書をお読みのあなた自身ももちろん「自分が話したい」と思っているわけですが、そこはグッとこらえましょう。これはあくまでも、会話上手になるための手法・テクニックなのです。

第1章でも登場していただいたお笑いタレントの明石家さんまさんは、この常にあなたに投げかける技の天才です。あるトーク番組で司会をしていた際に、どのくらいあなた（トークの相手）に投げかけていたかを調べてみました。文字にしづらいものは省きますが、次のとおり、とにかく相手についての振りのオンパレードです。

「（あなたが）楽しみにしていた5月舞台、中止になってしまって残念でしたねぇ」

「（あなたは）そのときはニューヨークに居たわけ？」

「（あなたは）３か月間、何してはったの？」

「（あなたがたは）何の分野でトップ（を張ってるの）？」

「（あなたは）次の展開は考えてはるの？」

「（あなたは）そんなに欲はないの？」

「（あなたは）『○○さんに会いたい』とか言ったりするの？」

「（あなたは）勉強している様子も（サイトに）アップしているんですか」

「（あなたの感想は）いかがでした？　こんなふうに並んで話すっていうのは？」

「（あなたは）大丈夫ですか、お身体の方は」

「（あなたは）おいくつになられました？」

「（あなたの）あの歌は結構、叩かれたでしょ？」

「（あなたは）普段は（○○さんと）仲いいの？」

「（あなたは）最年長としては、寂しいものがあるでしょう？」

「（あなたと会った）あのときは何の歌を歌ってましたっけ？」

「（あなたは）以前はゴルフやってらっしゃたのに、今は？」

さんまさん自身も人間ですから、もちろん自分自身のことを話したいでしょう。しかし後輩芸人から「お笑い怪獣」と名づけられるほどマシンガントークを放つイメージのあるさんまさんですら、実はあなたに振りまくることであのトークが成り立っているのです。この手法、真似しないわけにはいきませんね。

4　イチゴリピート

どこか一語を繰り返す

さて、いつまでも「あなたは？」「あなたに？」と言っているだけではさすがに会話は続きません。次なるあなたファーストの方法は、イチゴリピートです。

イチゴと言っても、日本人の多くが愛して止まない春の果物の女王「苺」ではありません。

先程挙げた自分側からの質問には、相手は「はい」「いいえ」で答えたり、場合によっては具体的な内容や数字などを添えて答えてくれます。それに対してあなたは、その文章のどこか一箇所、いえ一語だけを、あえて繰り返してほしいのです。
一語《いちご》を繰り返す、だからイチゴリピートです。
先程の質問に続くイチゴリピートは、こんなふうに使います。

例①：自分「どちらからお越しですか？」
相手「私、実は都内から来たんです」
自分「都内からですか！」

例②：自分「このお仕事は長いのですか？」
相手「そうですね…まだまだ下っ端ですけど、今年で7年目です」
自分「7年目！　ベテランじゃないですか！」

例③：自分「ここに来るまでには、どのくらい時間がかかりますか？」
相手「いつもは車なんですけど今日は電車なので、乗り継ぎも含めて1時間20分位ですかね～」
自分「1時間20分ですか、意外と時間がかかるのですね」

例④：自分「その傘は珍しい柄ですね、どこで買えるのですか」
相手「実はインターネットの通販サイトの○○で見つけたんです。意外と安いんですよ～」
自分「（通販サイトの）○○ですか！　インターネットは本当に便利ですね」

例⑤：自分「おすすめのこの映画は、どんなところが推しだと思います？」
相手「主演の○○さんが超☆イケメンなんですけど、そんなイケメンがすごくカッコ悪い役どころなんです。そのギャップがたまらないですね」
例⑥：自分「ギャップですか！　確かに予想外の差にはしびれますね！」
相手「お酒を持ってきますよ、アルコールは何が好きですか？」
相手「お酒はあんまり飲めないんですよ。　度数の低めのカクテルのようなのがいいです」
自分「あ、低めのカクテルですか、わかりました。おいしそうなの持って来てみますね」
例⑦：自分「この車、カワイイですね！　この色は何と呼ぶのですか？」
相手「なんとかイエロー…だったかな？　色に惹かれて買っちゃいました。」
自分「色に惹かれて買ったんですか、他ではあまり見ないカラーですもんね」
例⑧：自分「その感動して泣いた小説の作者は誰です？」
相手「小説のタイトルは『○○』なんですけど、作者を実は知らなくて…。初めて読む作家さんの本でした。」
自分「初めての作家さんですか、私はその小説自体を知らなかったですよ」

このように、相手の言ったことを、聞いたあなたが話しやすいキーワードを一語だけ拾って繰り返してください。繰り返す部分が長いと覚えているのが大変ですから、一語でいいのです。

繰り返しやすい箇所を選んで

なお、繰り返すためにはその話をしっかり聞いていなければなりませんから、相手にとっては「自分の話をしっかり受け止めて聞いてくれている」という大いなる喜びを感じることになり、あなたが好感を持たれ信頼される第一歩になるのです。ちなみにこの方法はカウンセリングの世界では〝オウム返し〟〝伝え返し〟とも言われるので聞いたことがあるかもしれませんね。

また、〝繰り返すのは語尾がよい〟という専門家もいます。確かに語尾なら繰り返しやすいでしょう。要は、相手の話で最も繰り返しやすい（会話しやすい）箇所を、あなたが口にする一語に選んでいただければ結構です。

簡単そうでできていない。知られていても喜ばれる

イチゴリピートの実践は簡単そうですが、いざ実行してみると自分はこれまでこんな簡単なことすらできていなかった、ということに気づくはずです。

また慣れてきたら、次の会話につながりやすいように、その文章の最も大切だと思われる語をリピートするようにしてください。

なお一語だけを繰り返すこの方法は、簡単にできるがゆえに「私がテクニックとして一語だけをリピートしていることは、そのうち相手にバレてしまうのではないか」と心配して実践をためらう方がいます。

でも大丈夫。このやり方を知っている人はカウンセリング業の方くらいですし、仮に知っていたとしてもあなたのリピートをむしろ喜んでくれるでしょう。

5　12種の神クエスチョン

会話に困ったときに使える12種類のキーワード

話すことがなくて困る場合があります。例えば相手が初対面でその人物の情報が何もないときは、型通りの挨拶を交わした後は会話を続けていくことがとても難しく感じます。初めて会った相手は名前も年齢も出身地も知らない場合もあり、会話の糸口すらつかめません。

以前、元アナウンサーの方から、こんなお話をお聞きしました。「会話に困った場合には何を話せばいいのか？　そんなときは、これらのキーワードが使えます」というのです。

そのキーワードとは、「記事に書いて見せたしけり」。

きじにかいてみせたしけり…つまりこれらを頭文字とするキーワードによる質問で、その相手に話題を振ってほしい、ということなのです。その万能さから神がかったクエスチョンともいうべき、次のページの図表12のような12種類の質問です。

話題に困ったときには、これら12種のどの分野でもいいので、相手に投げかけるのです。

ここで大切なのは、「はい」「いいえ」で答えられる質問でなく、できる限り相手が〝具体的な何か〟を言わなければならないボールを投げてほしいのです。もし答えが「はい」「いいえ」だけで済んでしまったら、こちらがまた次に投げるボールを考えなければならないからです。

【図表12　12種の神クエスチョン】

き…季節	例えば「今年はエルニーニョ現象で、暖冬ぎみだそうですね」
じ…住所	例えば「どちらにお住まいなんですか？」
に…（最近の）ニュース	例えば「国や都道府県からの緊急事態宣言で外出自粛が要請されていた際、どう過ごされてましたか？」
か…家族	例えば「ご家族は何人ですか？」「内訳は？」
い…衣、つまり着ているもの	例えば「ステキな柄のシャツですね、どこで入手されたのですか？」
て…天気	例えば「台風が近づいて来ているようですね。ここら辺の明日の天気はどうでしょうかね」
み…道	例えば「どうやってここまでお越しになりました？」
せ…性、下ネタ	（初対面での使用は控えたほうがよく、また使い方を誤ると危険な話題ですが、胸襟を開いて話せる間柄になりたい場合の突破口になることがあります）
た…食べ物	例えば「どんな食べ物がお好きですか？」
し…趣味	例えば「ご趣味は何ですか」
け…健康	例えば「とてもハツラツとした印象を受けます。何か身体にいいことをされてますか？」
り…旅行	例えば「観光地や宿のお薦めの場所を教えてくださいませんか？　このご時世で観光業界が落ち込んでいるので、微力ながら貢献したいと思いまして」

相手の言葉を利用できるように初めから、必ず何かしらの言葉が返ってくる質問を相手に提示する…というわけです。言葉のキャッチボール、ラリー、応酬をずっと続けることができるよう、具体的な質問をするのです。これについては、後ほど更に具体的にご説明します。

婚活パーティーでの会話なら

もしあなたが婚活パーティーに出て初対面の相手と話すなら、会話の例はこのようになります。あなたファーストで、12種の神クエスチョンを盛り込んでみてください。


自分&相手「初めまして。○○○○と申します。」（お互いに名乗って挨拶）

自分「お住まいはどのあたりなんですか？」（↑〝住所〟について）

相手「○○市の△△という地域です」

自分「○○市からですと、ここまではどうやっていらっしゃるのが便利ですか？」（↑〝道〟）

相手「今日は車で来ました。電車でも来れるんですけど、遅れそうになってしまって」

自分「お車で……。こんな天候だと、もし電車で来ると大変ではないですか？」（↑〝天候〟）

相手「そうですね、駅からはちょっと遠いので」

自分「お休みのときなんかは、今日のように車でどこかに出かけたりされますか？」（↑〝旅〟）

相手「私、車で遠くへ行くのはちょっと苦手なんですよ」

自分「車は苦手でしたか。ご飯を食べに行くくらいなら、車で行ったりとかされます？」（↑〝食〟）

あなたの言葉それぞれに相手の反応がありますから、その反応に対してリアクションをしながら会話を進めます。すると〝あなたファースト〟が実現することになります。

この12種の神クエスチョンは、日々の些細な会話でも仕事でも異性にでも、どんな場合でも活用が可能です。まさに〝神〟です。

次項では、より実践的なあなたファーストもご紹介していきます。

6 気持ちをアゲる「はひふへ法」

はひふへほで感嘆してみせる

相手の話を聞く際には、まずは相手に向き合って顔を見るのはもちろん、相手の言葉にうなずきや相づちをテンポよく打つことが大切であるのは、第1章でお伝えしたとおりです。それらは話をしっかり聞いていることを示すアクションで、相手は安心してトークを続けることができます。

そこで、更にそれを強力に表現して、相手の気持ちをアゲる（高揚させる）ことで会話の盛り上がりを加速させる方法をお伝えします。

名付けて「はひふへ法」です。

相手の言ったことに対し、「は、ひ、ふ、へ、ほ」で始まる言葉で感嘆してみせる方法です。

例①：相手「運動会やテレビの歌合戦などで紅白に分かれて競う起源は、12世紀後半に平氏が赤旗、源氏が白旗で戦ったところからきているんですって」
自分「ははぁ、紅白の戦いは平氏と源氏が起源なんですか!?　800年以上も前からのことなんて、すごいっ」
例②：相手「今回のウィルス感染拡大のあおりで、店の売上は去年の半分以下になってしまいました」
自分「ひえ～っ、半分以下に！　大変ですね…」
例③：相手「私、小さい頃は大の野菜嫌いだったんです」
自分「ふ～ん、そうだったんだ。嫌いだったなんて意外だね」
例④：相手「一生懸命と言う言葉は、鎌倉時代の〝一か所の所領を命を懸けて生活の頼みにした〟というのが語源なのだそうです」
自分「へぇ～、所領を…。だからもともとは〝一所〟懸命って書くんですね」
例⑤：相手「一般会計や特別会計の歳出など、国や地方の直接の財政支出を伴うものは〝真水〟と呼ばれるのだそうです。」
自分「ほぉ、真水ですか…。聞きなれない言葉ですね」

大げさすぎてわざとらしいのは逆効果

ここで、感嘆する際の注意点が1つあります。

話の内容によってはあまりにも大げさすぎるわざとらしい感嘆は、された方がバカにされたような気がして逆効果になりますので気をつけましょう。

こんなふうではいけません。

例⑥：相手「先週、雷の影響でウチの町内が停電しちゃって…。暖房が点かないから寒くってね」

自分「ひょえ〜〜〜っっ！！　停電〜〜〜〜!?　!?　!?　大変だったね〜〜〜！！！」

度を越えたオーバーリアクションは「本当は心配してくれてないでしょ？」と疑念すら生まれてしまいます。おすすめなのは、感嘆するときに「つい口をついて出てしまいました…」といわんばかりの独り言のような口調を心掛けること。ついついあなたの前だからホンネが出てしまってつぶやいてしまいました、という様子が伝わるとベストです。

実はこれ、第1章の好感オトコのさしすせそ（41〜42ページ）でお伝えしたのと全く同じ口調です。〝はひふへほ〟も〝さしすせそ〟と同様に、本音をつぶやくように口にするのが肝要なので覚えやすいですね。

感嘆している自分は当たり前に反応しているだけですが、感嘆された相手にとっては自分の話をしっかり聞いて受け止めてくれて興味を持ってくれていることが強く伝わり、嬉しくなって気持ちがアガることで更に次の話題を供出しようとしてくれます。

人は誰もが自分が話したいのです。それを利用して、どんどん相手の気持ちををアゲ、話を盛り上げていきましょう。

7　最強の武器は5W1H

会話を続けるための深掘り

人は誰もが「自分が話したい」と思っている。

我々はそれを利用して、あなたファーストで相手に話題を振って会話を続けていくのです。この項では、そのために最も実践的で利用価値と頻度の高いテクニックをお伝えます。

相手に話題を振る、とは何についてどんなことを振ればいいのでしょうか。

基本はこれまで申し上げたように、相手の言ったことの一語を繰り返したり12種の神クエスチョンを使ったり、はひふへ法を駆使したりすることで、相手に言葉を受け留められている安心感を与えます。その一方で、会話を続けるためには話自体を深掘りする必要もあります。

5W1Hと分家たち

中学生時代に英語の授業で習った「疑問詞」を覚えていますでしょうか。

Wで始まる5つの単語とHで始まる1語については、現在は中学2年生までに習います。一定以上の年齢の方は〝5W1Hは新聞記事などの相手に説明する文章で必須〟と言われたことを記憶しているでしょう。

ここで復習です。5Wとは何でしょう？　wで始まる5つの疑問詞とはどんな言葉でしょうか？
・when（いつ）
・where（どこで）
・who（誰が）
・what（何を）
・why（なぜ）…の5つです。
また、1Hのhで始まる疑問詞は
・how（どんな、どのような）…です。
なおhについては、howを使った連語として
・how old（何歳？）
・how long（長さ・期間・時間はどのくらい？）
・how faw（距離は？）
・how many（数は幾つ？）
・how much（値段・量はどのくらい？）
・how to～（～の方法は？）
・how about～（～（するの）はどうですか）
…などもあります。hには多くの分家があると思ってもいいでしょう。

相手の言葉をそのまま利用して質問

相手の言った言葉に対し、これらの疑問詞を使って訊ねていくのです。深堀りをすると言うと難しそうに聞こえますが、相手の言った言葉をそのまま利用して質問を返すだけで結構です。

なお相手の言葉の中で印象深い一語を繰り返す〝イチゴリピート〟との相性が特にいいので、ぜひ併せて使ってみてください。例えば、このように。

例①：相手「私、実は北海道から来たんです」
　　　自分「北海道ですか！　北海道のどちら（where）からですか？」
例②：相手「この辺は自然が多く、それでいて生活には便利なんです」
　　　自分「便利なんですね！　何（what）に最もそれを感じますか？」
例③：相手「パソコンが急に動かなくなって結局、買い替えざるをえなくなったんです」
　　　自分「買い替えですか…。お幾ら（how　much）くらいかかりました？」
例④：相手「テレワークが多くなったら、自宅で仕事をすると、家族も使っているからかインターネットの通信速度が遅くなったり切れちゃったりするんですよね～」
　　　自分「遅くなったり切れたりするの、ウチも同じです！　改善する方法（how　to）をご存知ですか？」

会話の相手にはこの5W1Hと、12種の神クエスチョンを併用することで話題がないときのネタづくりに大きな効果を発揮します。「初対面なのに話が弾む人」と好感を持たれる結果になるのです。

【図表13　トスを相手にポンと上げる人になる】

8　ポンとトスを上げる

質問の投げ方は軽く

会話を交わす際のすべてに共通し、特に前述の5W1Hの手法を用いる際にその効力を最大限に発揮させるために重要なのは、相手への質問の投げかけ方の強さの度合いです。

相手への質問は、〝軽くポンッとトスを上げるように、優しく投げかけてほしい〟のです。

トス・パス・バトンに共通すること

バレーボールでの「トス」は、味方にボールをつなげたり、敵への攻撃のアタックを打ち込む直前に、味方の上空に軽～く放つボールのことを指します。

野球では、打撃練習をする者の斜め前にしゃがんで、打ちやすいボールをおへその正面あたりに放り、練習者がそれを正面に向かって打つことを「トス」バッティングと言います。

また、サッカーやバスケットボールでは「パス」と言えばボールを確実に味方に回すことが必須条件です。陸上競技での「バトン」は、次の走者にスムースに渡すことができなければ、チームとして勝利を収めることはできません。

これら「トス」や「パス」「バトン」に共通しているのは、〝相手が難なく受け止めることができるよう、力まず軽く正確に送る〟ことです。

話しやすいのは名セッター

私たちが目指しているのは、会話で相手を言い負かしたり論破したりすることではありません。穏やかにスムーズに会話のキャッチボールを続けることです。

そのためにはいかに相手に答えやすい状況を自分自身がつくるかにかかっています。あなたが、トス・パス・バトンのように力まずに軽く、そして正確に相手に質問を投げかけたならば、自分が話したい生き物である人間はそれを受け止め、嬉々として話し返すわけです。それに対して、あなたは更に相手にパスを出すように軽い質問を次々に被せていくわけです。

バレーもサッカーもバスケットも、華麗なアタックやシュートを打つ選手だけで点を取るのではありません。打ちやすいトスやパスが、的確にそこに出なければならないのです。

「話しやすい」と評価される人とは、バレーで言えばアタッカーがスパイクを打つために的確なトスを相手にポンと上げる人――〝名セッター〟なのです。

9 おばあちゃんに学ぶ、のんびり・どうでも・おおざっぱ

面識がないか薄い相手との始めの口調

人は自分なりの口調やスピード・間の取り方、即ち様々な〝調子〟で会話しています。

相手にとってさり気なく、かつ好感度の高い会話の調子とはどんなものでしょう。いわゆるマシンガントークでは引かれてしまうし、かといって遠慮ばかりしていては会話が成立しません。第1章では「相手のテンポに乗っかって自分も話すべし」とお伝えしましたが、ここではテンポを合わせる以前に〝面識がないか関係性が薄い間柄なら、どう話し始めるか？〟についてお伝えします。

ここでおすすめしたい人物がいます。話す調子の見本であり先生――それは、〝近所の人のよいおばあちゃん〟です。

そんな方がちょうど近所にいるのなら、その方を思い浮かべてください。もしいなければ架空の人物を想像してください。そのおばあちゃんのスペックは、年齢は70～80歳代、いつも笑顔で穏やか、物腰も柔らかです。年齢が年齢ですから動きは機敏ではないものの、彼女の散歩や買い物帰りを見かけるくらい足腰は丈夫で健康な様子です。

ある日あなたは、自宅の前でそのおばあちゃんに会いました。彼女はきっと、顔はわかるけれどあまり話したことのないあなたに対して、こんなふうに声を掛けてくるでしょう。

おばあちゃん　「(にっこりしながら) あら〜、こんにちは〜」
自分　「あ、こんにちは」
おばあちゃん　「今日もいいお天気ですねぇ〜」
自分　「ホント、いい天気ですね」
おばあちゃん　「今日はまた、素敵なお姿で。お出かけですね〜？」
自分　「はい、ちょっと仕事の関係で…」

おばあちゃんから学ぶ3要素

これらのおばあちゃんの口調を、３つの観点からぜひあなたに真似ていただきたいのです。

まず最初のおばあちゃんからの挨拶である「あら〜、こんにちは〜」は笑顔で、実にのんびりとした口調での声がけです。勢いよく激しくウザめに「こんにちはぁっ!!」でもなく、暗い感じでぼそぼそっと…でもありません。ガツガツせず、のんびりとおおらかに話し掛けてきてくれている雰囲気です。

次に「今日もいいお天気ですねぇ〜」のような声掛けは、失礼な言い方をすると〝言っても言わなくてもいい、どうでもよいこと〟と捉えることができます。情報伝達や連絡事項などのような重要性は低く、誰にも明白で当たり前の事実をわざわざ言葉にしているだけです。しかし日本人の挨拶のテッパンネタである天気の話題に象徴されるように、言い合うことでお互いが「手短」かつ「簡易的」に心を通わせるために〝どうでもよいこと〟を言うのが重要なのです。

3つ目は「今日はまた、素敵なお姿で。お出かけですね〜？」。この会話の場合、あなたはいつものラフな姿ではなくスーツ姿でおばあちゃんに会ったのでしょう。しかし彼女は決して、「どこに行くのですか？」や「何のご用で？」等と細かいことは尋ねません。人にはプライバシーがありますから、あまり立ち入った細かいことに触れるのはタブーです。先程ご紹介した〝記事に書いて見せたしけり〟の中の〝住所〟に関する質問も同様で、初対面なのにいきなり細かい町内や番地まで聞かれたら怖くて話せなくなりますよね。そこで一歩引いて、「お出かけですね？」といったおざっぱな程度で問いかけるのです。

以上、会話の調子の師匠たるおばあちゃんから学べることは、次の3つの要素です。

◆のんびりゆったりした口調で、
◆聞いても聞かなくてもどうでもいいような内容について、
◆あえておおざっぱに問いかける

ぜひこのような〝のんびり、どうでも、おおざっぱ〟な調子で話してみてください。そうすれば、相手にとってはおばあちゃんに話しかけられているような、さり気なくて圧迫感のない、好感の持てる会話の調子になるのです。

思いのほか使い勝手のよい、のんびり・どうでも・おおざっぱ

実際の利用例を挙げてみましょう。

婚活パーティーで初対面の相手と話す93ページの例と同じやり取りなのですが、実は〝のんびり、どうでも、おおざっぱ〟な要素を盛り込むと、さらに自然な会話になります。

自分&相手「初めまして。○○○○と申します」（まずはお互いに名乗って挨拶）

自分「今日はあいにくの天気になりましたね〜。（↑〝天候〟について、のんびりした口調で、聞いても聞かなくてもどうでもいい話題を振る）お住まいはどのあたりなんですか？」（↑〝住所〟について、おおざっぱな問いかけ）

相手「○○市の△△という地域です」

自分「○○市からですと、ここまではどうやっていらっしゃるのが便利ですか？」（↑〝道〟について、交通手段という聞いても聞かなくてもどうでもいい内容）

相手「今日は車で来ました。電車でも来れるんですけど、遅れそうになってしまって」

自分「お車で…。こんな天候だと、もし電車で来ると大変ではないですか？」（↑〝天候・道〟について、聞いても聞かなくてもどうでもいい内容）

相手「そうですね、駅からはちょっと遠いので」

自分「遠いんですね。お休みのときなんかは、今日のように車でどこかに出かけたりされますか？」（↑〝旅〟について、出かける先をおおざっぱに聞いても聞かなくてもどうでもいい内容）

相手「私、車で遠くへ行くのはちょっと苦手なんですよ…」
自分「車は苦手でしたか。ご飯を食べに行くくらいなら、車で行ったりとかされます？」（↑〝食〟についいて、のんびりとした口調で）
相手「車でだったら、先週末に頑張って運転して友達とピザを食べに行きました」
自分「頑張ってピザを！　それは2ツ星認定など、魅力のあるお店なんですね？」（↑〝食〟について、聞いても聞かなくてもどうでもいい話題）
何度か実際の会話で試してみて、自分なりの〝のんびり、どうでも、おおざっぱ〟な口調の感覚を掴んでください。
これは思いのほか使い勝手がよく、近所での日常会話でも友人同士でも、仕事でも異性に対してでも万能に使えます。
近所の人のよいおばあちゃん口調になれるよう、ちょっぴり練習をおすすめします。

10　自分の話は3文《みぶん》まで

あなたファーストで起こる〝事件〟

初対面で一切の面識がなかったり、何回か会っていても親しいとは言えなかったりといった相手と会話を続けていると、ある〝事件〟が起こることがあります。

【図表14　嬉しい事件が起こったら】

共通点が発覚したら
自分が話す目安は
３文までに。

この章でこれまでお伝えしてきたようなあなたファーストで、リピートしたり12種の神クエスチョンでひたすら相手に話を振ったり、感嘆したり疑問詞でトスを上げたり、人のよいおばあちゃん口調を使ったり…といったテクニックで会話のキャッチボールを続けたからこそ起こる、ちょっぴり嬉しい事件です。

それは両者の「共通点の発覚」です。

都会の真ん中でたまたま話した初対面の相手と、出身都道府県が同じだった。

仕事で訪れた取引先の担当者と自分の出身校が偶然、同じだった。

相手の趣味をさり気なく聞いたら、自分のよく知る人と同じ会で活動していた。

婚活パーティーで初めて会話した人が、自分の会社の取引先に勤めていた…などなど。

テレビドラマで観るような、街角で道路にぶちまけた荷物を拾ってもらった人と翌日に劇的な再会…なんていうことは現実にはないものの、初対面同士で出身県が一緒という程度の共通点の発覚なら、誰でも1度や2度の経験があると思います。

このとき動物の本能としての警戒感から無意識に築いていた心の高い防御壁や防波堤が、急激に低くなっていきます。場合によっては途中の過程をすっ飛ばし突然に旧知の間柄のように振る舞えるほどに、両者の心理的な距離は一気に縮まります。

事件発覚後に注意すること

この場合に注意しなければならないことは、その共通点について自分が話し過ぎてしまわない、ということです。

自分自身の話をするのは2文章程度、できれば多くて3文までに留めてください。共通点がわかるとお互いを隔てていた壁が低くなるだけでなく、両者の間を分断するようにとうとうと流れていた大河が一気に干あがって、軽々とまたげるほど幅が狭くなります。それまではできなかった気持ちの行き来が、一気にスムーズにできるように感じるのです。

すると嬉しくなって、あなたはつい色々話したくなってしまいます。他人と同様、あなた自身も「自分が話したい生き物である人間」ですから当然です。

しかし、そこはグッと我慢です。第1章でお伝えしたように、会話とは自分だけが話して気持ちよくなるものではなく、相手を満足させるための奉仕のようなもの。ちょっと冷静になっていただき「相手に話してもらうのが自分の任務」、そのくらいに思っていただくとちょうどよいのです。

速やかに再び相手に振り戻す

次の会話例で、多くても自分の話は3文までとするイメージを確認してください。

例①：自分「ご出身はどちらですか？」
相手「私、都内出身みたいに思われてますけど、実は出身は新潟なんです。」
自分「えっ、新潟ですか!?　実は私も新潟なんですよ！　生まれも育ちも新潟市です。こっちへは、来てまだ1年ほどですけど…。○○さんはこちらでは長いんですか？」

例②：自分「がっちりとした体型ですね、羨ましいです。何かスポーツをされているのですか？」
相手「いやぁ、特に何も…。地元であるここで大学卒業まで過ごしたのに、今の会社に入ってから異動で全国のいろんなところに住んだので、各地のおいしいものを食べすぎてしまって身体にこんなに肉が…。この度やっと、地元に帰って来れました」
自分「地元のここで大学を…ということは、△△大学ご出身ですか？」
相手「はい、そうです。」
自分「私も△△大学の卒業生です！　経済学部でした。学部はどちらだったですか？」

共通点が発覚した場合にすかさず自分の情報を開示することは、その相手との親近感の醸成に極めて有効です。一方で、親近感を持てる内容を2～3文という最低限の文量に留めていることに、相手は決して気づきません。

なぜなら速やかに〝あなたファースト〟に会話を振り戻しているからです。相手にとっては心地よい会話のキャッチボールが更に続いていくので気づかない、というわけです。

武器使用上の「目安」

共通点の発覚は、初対面やまだ関係性の薄い場合に両者の心の間にある距離を、破壊的に縮めてくれる千才一遇のチャンスです。第1章の好感オトコのさしすせそは（調味料ではなく）潤滑油でしたが、共通点というものは相手の心を撃ち抜いて味方に引き入れる武器になります。

とは言え、発覚した共通点についての武器の使用（自分の話）は多くても3文までで止めろなんて、ストレスが溜まってしまいそうで、本来の円滑な会話とは言えないのではないか？ というご意見もあろうかと思います。確かにそのとおりです。あなた自身も本音では「自分が話したい」と思っているわけですから、つい、どんどん自分のことを話してしまいたくなります。

でもそれでよいのです。相手との共通点について自分の話をするときは「目安」を3文までにしてください、と付け加えておきます。時にはそれを自分もうっかりとオーバーしてしまいますが、それはそれでよしとしましょう。

〝大切なのは自分が話し過ぎず、相手に振ってあなたファーストで話してもらうこと〟を常に頭に置きながら会話を交わすことなのです。

第4章

接客・営業で選ばれる、会話を続けるテクニック

1　〝知っている安心さん〟がお客様から選ばれる

そこで買うには理由がある

私たちが物を購入する際、そこで買うには理由があります。

日々の食事に必要な食料品は、自宅や職場から〝近い〟スーパーで。

〝新鮮〟なものを手に入れたいから専門店で。

電話やＦＡＸ・電子メール１本で材料を用意してくれて配達も頼める〝便利〟さから専門配達システムで。

特売など目玉商品や格安商品があると〝安い〟から買いに行きます。

また、たくさんの〝品揃え〟の中から選びたい場合には大型店やインターネットサイトから探すことでしょう。

高額なものや知識に乏しい場合は誰から買うのか

では、望んでいる商品やサービスが高額だったり、自分自身がそのジャンルについての知識に乏しく不案内だったりした場合、あなたはどこ（または誰）から買いますか？

例えば、私の会社が25年間手掛けているブライダルプロデュースの仕事は、支払総額から見ると、高額な仕事の分類に入ります。結婚式・披露宴やパーティーは準備が大変そうで、かつ一生のうちで何回も行うものではないですから、お客様側は段取りには詳しくはないと思います。また家の建築や購入、リフォームや修繕工事の場合も金額が大きくなりますし、車の購入なども値が張りますね。生命保険や傷害保険など各種の保険も、専門知識がある人はさほど多くはないでしょう。

企業や会社の場合なら、材料や部品の仕入や購入、コンサルティング・技術指導などのサービスの契約は、高額だったり内容がわかりにくかったりして判断しづらいものです。

このような場合に、購入を検討しているあなたがまず考えることは、

「自分の知り合いでその仕事に詳しい人はいないか？」ではないでしょうか。

ではなぜ、詳しい知人を探すのでしょうか。

…答えは簡単。

「知っている人なら安心」だからです。

私たちは安心な知人から買いたい

私たちは利便性や低価格を求める以外なら、安心を求めて知っている人から商品やサービスを買いたいと思っています。

宣伝されてもいないのに知っている人から安心して買いたいと思う理由は、その知人もあなた自身をしっかりと認識してくれていることがわかるからです。年齢や性別を超えて、家族・親戚や友

人などと同じように自分の存在のことをこの世で〝あなただけ〟と認識してくれる知人の存在は嬉しいですよね。大きなジグゾーパズルの中のイチお客という単なる1ピースとしてではなく、正確に個としてのあなたを認識してくれていることがわかっている相手は安心できるのです。

承認欲求を満たしてくれる人から商品を買う

アメリカの心理学者アブラハム・マズロー（1908―1970）は人間の欲求の5段階層を理論化し、自己実現理論もしくはマズローの欲求段階説と呼ばれています。彼はそのうちの1つに〝承認欲求〟というものがあると述べています。

人の持つ5つの基本的欲求のうち、食事・睡眠・排泄などの本能的な生理的欲求や、安定と秩序を欲する安全欲求の他に、自分が価値のある存在と認められ他者から尊重されたい欲求、それが〝承認欲求〟です。

21世紀の現代は、インターネットやSNS（ソーシャル・ネットワーキング・サービス、交流サイト）上に、真偽が不確かであったりや明らかにいたずらやデマであったりする投稿が後を絶ちません。これは人間には誰でも「自分の存在を認めてほしい」という承認欲求があるからと言われています。

私たちが知人や面識のある人から商品を買おうとするのは、その人が自分の承認欲求を満たしてくれているからです。満たしてくれる人物はあなたのことを正確に認識していますから、不当なものを不当な高値で売ることがなく、安心できるというわけです。面識のないセールスマンや営業担当者はただただ商品やサービスを売りつけようとするだけで、こちらの承認欲求も安心も満たしていないから、買いたいとは思えません。

つまりお客側から見て「よく知っている安心な人」になれば、高額でも安心して商品やサービスを買ってもらえるというわけです。

この章では、お客様から選ばれる〝知っている安心さん〟になるための会話方法をお伝えしていきます。

2　まずは覚えてもらうこと

面識のない業者さんとの数か月

私の会社の地域には現在、再利用可能な資源を回収するためにリサイクル専門業者が戸別に回ってきています。もともと私はこの業者さんとの面識は一切なく、したがってその存在を認識した後もしばらくはスルーしていました。

しかしこの人は、売り込んでくるわけでも回収を懇願してくるわけでもありませんでした。たまたま私が会社前で荷物の搬出入作業や掃除・整理をなどしていて顔を合わせると、

「お疲れ様です、今日はまた暑いっすね～」

「今頃の時期って（業界的には）繁忙期ですか？」

「この時期は雑草がすぐ伸びるんですよね…」

…などと自分の仕事とは関係ないことを、それこそ〝のんびり、どうでも、おおざっぱ〟に声を掛けてくるようになりました。こちらとしても、相手の言葉が仕事の売り込みではないとわかれば、それなりに和やかに答えを返すというものです。

その担当者は1か月に1度の割合で回って来るだけなので、その状態で数か月が経過したでしょうか。我が社は業務上、有効期限切れの大量のパンフレット等の古紙が出るのでその処理を考えるにあたり、自然とそのリサイクル業者さんに依頼をする結果となりました。以来、よい関係が続いています。

弊社にも様々な営業や自薦の案内・売り込みがあるため、各種業者さんを選定し決定する基準はかなり厳しいのですが、なぜ我々は知らない人だったその業者さんに仕事を依頼する気になったのでしょうか。

会話を続けて覚えてもらう

これは、野良犬や野良猫と人間の関係に似ています。

頭を撫でたい等の下心で私たち人間は動物に近づこうとしますが、追うと彼らは警戒して逃げていきます。しかし追うのを止めて離れていくと、心の余裕が生まれて安心するのか、遠巻きに後ろからついてきたりするのです。

これを何回か経験すると、犬や猫のほうも（懐いては来ないまでも）一目散に逃げなくなります。相手を覚えて、害を及ぼしてくる相手ではないと認識するのでしょう。

この例と同様に、事業者が商売やビジネスモード丸出しで追ってくると、お客様は逃げ出します。人は防衛本能から、売り込みだけで寄って来る業者に安心を感じることなどないからです。しかしそのモードをオフにして、まずは相手に対して負担のない日常的な会話を交わすことから始めると、それが積もったときにはお客様はこちらを記憶してくれます。

まずは覚えてもらうまでが、商売やビジネスでの第一関門です。

それには「商売（ビジネス）モードをオフにして〝会話を続ける〟ところから始めなければならない」というのが、単純そうでいて少しコツの要るところです。

しかしひとたび覚えてもらえて会話が交わせるようになれば、あとはそれを継続していくだけですぐに安心感に成長します。その結果、人としての信頼を感じるようになる――つまり私のように仕事を依頼してしまう――ということになるのです。

お客様から、知っている安心さんとして選ばれるためには、面識や誰かからの紹介や人間関係がなくても、まずは「前章でお伝えした会話を〝続ける〟スキルを身につけて、自分自身を〝覚えてもらう〟のが鉄則」であることがおわかりいただけたでしょうか。ここから、あなたに対する安心感を徐々に育てていくのです。

ここでは、仕事につながるキーワードを手にする方法をお伝えしましょう。

3 〝復〟話術は信頼される第一歩

ビジネスでは復話術で覚えていることをアピール

お客様から知っている安心さんとして選ばれるための会話テクニックの2つ目です。

ビジネスにおいて〝仕事先の相手には復話術を使うべし〟です。腹話術ではなく〝復〟話術です。

この章の冒頭でお話ししたように、まずは覚えてもらう自分を目指さなくては仕事になりません。

続いては、仕事のキーマンたる相手と会った際に、第3章の続く会話のテクニックを駆使し、差し障りのない範囲で相手のプライベートについて雑談をする工夫を行ってください。

例えば商談時に、相手が日焼けをしているように見えたとします。

自分「（肌が）健康的ないい色をされてますね。何かスポーツされているのですか？」

相手「この週末に野球をしましてね」

自分「へぇっ、野球ですか。いつもされているんですか？」

相手「いやぁ、たまたまです。集まれる者だけ7人で、ちょっと練習しただけで」

自分「ほぉ〜っ、7人ですか！　そんなに集まれるなんていいですね！　その皆さんはもともと何か共通点のある方々なのですか？」

相手「高校時代の部活の仲間なんです。みんな下手くそなんで、私にちょうどいいんですよ（笑）」

もしこのような会話が交わされたとしたら、次に会う際には必ず、前回交わしたこの会話について、自分からわざわざその内容に触れてください。仕事の話に入る前の導入部、イントロとして話しかけるとよいでしょう。

自分「こんにちは。先日はありがとうございました。今日もお時間いただきありがとうございます。（着席しながら）…前回、お休みに野球をされたとおっしゃっていましたよね。７人も集まられたとかで。あの後また練習されました？　いや実は、先週末もスゴく天気がよかったので、『こんな日は絶好の野球日和だよなー』と思っていたんです」

こんなふうに、仕事以外の相手のプライベートの内容について、前回聞いたことを話題にするのがポイントです。

「私はあなたを仕事が欲しいがゆえの相手とは思っていません。例えビジネス上のつながりがなかったとしても、人としてのあなたを友好的・好意的に感じるから、しっかりとあなた個人のことを覚えているんです」

——相手にこうアピールするというわけです。

会話を必ず記録する

ここで大切なことは、あなたは相手と交わした会話の内容を、業務や受発注の内容を記憶するの

【図表15　仕事では復話術を使う】

◆会話したことは
必ず記録を！
◆そして次に会う
直前には、必ず
復習を！

と同じくらいしっかり覚えておく必要がある、ということです。

人は誰しもが、会話した瞬間は「今話した内容は全て記憶しておける」と自信があるものです。

しかし人間の脳の記憶というものはアテになりません。数日経つと、細かい部分を失念した経験は誰しもがあると思います。他の人の言ったことと混同してもいけません。

そこで、必ず会話の内容や骨子・キーワードをメモして、文字にして残しておいてください。

もちろんほとんどの場合、雑談中にまるで新聞記者のようにメモをとることは実際には難しいでしょうから、その場が解けて先方があなたの目の前からいなくなった状態になったら、思い出しながらじっくりと記録しておけばよいのです。

ノートや手帳などの紙はもちろん、スマートフォンやタブレット・モバイルＰＣ等のメモ帳や、ボイスメモ機能で文字に起こしておくのもいいでしょう。

会う直前に復習する

そして次にその人物と会う直前に、このメモを読み返すのです。復習するのです。

前回の会話の復習を行う術、即ち〝復〟話術を使うのです。

あなたはこのように復習した状態で相手方に会うわけですから、前回に話したこと（＝野球の練習）はもちろん、細かいこと（＝７人が集まって練習したこと）までも持ち出すことができます。言われた相手にしてみれば、自分の話したことをしっかり覚えていてくれたあなたに少なからず好感を持ち、それは近いうちに仕事の依頼などにもつながっていくはずです。

仕事の場であれば、たとえそれが個人的な内容であっても、前回に交わした事柄を頭の中で蘇らせておくことは会話を交わした相手に対する礼儀でもあります。同時にそれは、仕事先であなたの人となりが知らない相手から信頼される第一歩になるのです。

4　ポジティブに変えて笑いをとる

マイナスを何が何でもポジティブに

ＳＮＳの短文投稿サイト「ツイッター」で、次のような投稿がありました。

①：〃洗車場でカップルの彼氏が黙々と車を拭いてて彼女が飽きたらしく、
「そんなピカピカにしなくてよくない？」
など文句を言い始めたんだけど、彼氏が
「お姫様のためにカボチャを馬車にする魔法かけてるから静かに待ってろ」
と言った破壊力に、彼女真っ赤になって黙っちゃうし、周りの俺らのワックスの手も止まった。〃

②：〃電車でおばあちゃんに席を譲るときに、
「年寄り扱いしないで」って言われたので
「え、いや女性なので」って言ったら
「まぁ素敵、ありがとう」とスムーズだったことがあるので個人的におすすめ〃

③：〃うちの旦那は口汚く人を罵ったりとかは絶対にしないタイプなので、寒い寒いとジーンズの下に起毛タイツを履く嫁にも
「その脂肪なんのために付いてんだよ、デブ」とは言わず
「冬に強そうなフォルムしているのにね…」と心の底から気の毒そうな顔で言ってきます〃

これら3つの投稿に共通していることが、おわかりいただけますでしょうか。

消極的なことや否定的なこと、マイナスに受け取られかねないことに対し、即座に何が何でもポジティブ・前向きな表現に言い換えて返してあげている点です。これがお客様から知っている安心さんとして選ばれる3つ目の手法です。

相手に非があってもポジティブに変換

もし相手に非がある事例ならそれを決して責めたり非難したりすることなく、別の観点からポジティブ思考に変換して、相手に返していただきたいのです。

例①：相手「いやぁ、時間に遅れてしまいました。申し訳ありません」

自分「ありがとうございます！　お持ちしたこの企画書を採用していただけるよう、予定よりも多く戦略を練る時間をくださるとは…！」

例②：相手「今回の決勝戦では、私のミスショットで優勝を逃してしまいました…。せっかく（ダブルスで）ペアを組んでいただいたのに、本当に申し訳ないです」

自分「テニスはもともと、イギリスの貴族が趣味で始めたとされる紳士のスポーツで、競技目的というより楽しくプレイするスタイルが起源だったようです。優勝の地位と賞品を他の方に譲るなんて、まさに紳士の中の紳士ですよ」

ポジティブは笑いも取れる

私もつい先日こんな風にも使ったので、ご紹介します。

私が住む町内の自治会で、隣組のような最小単位である近隣の10数軒（〝組〟と呼んでいます）の取りまとめ役をしたときのことです。

自治会では高齢者世帯を地域で守ろうという意向から、組内各戸の全住人の年齢構成を確認するという役目がありました。特に75歳以上を「高齢者」と位置づけて、その年齢の人の有無を各家庭を回って確認していくのです。

しかし同じ組内の近所で顔見知りとはいえ、ダイレクトに「75歳以上の高齢者はいらっしゃいますか」と聞くのはさすがに気が引けます。

そこで、こうポジティブに変換しました。

・年上の相手に尋ねるときには「こちらのお宅には、75歳以上の先輩はいらっしゃいますか？」

・比較的若めの家族に尋ねるときには「こちらのお宅には、75歳以上のレジェンドはいらっしゃいますか？」

ポジティブなコメントに言い換えられた側には安堵の気持ちが広がります。その場が和み、微笑みや笑いすら生まれるでしょう。併せて懐の深いあなたの人柄の評価にもつながりますので、ポジティブに変換することはとても有効なのです。実際にこの「75歳以上のレジェンド」では、使ったすべての家庭に笑ってもらいました。

なおこの手法は、仕事においてお客様を前に言おうとしても、なかなかすぐに口から気の利いた変換が出てきません。まずは会社で従業員さん同士や家庭で家族に対してなどで、少しばかり練習してください。

ちなみにご家族のいる方は、ご家庭でこれを実践すると夫婦仲は円満になりますし、子どもさんに対しては相手を気遣う表現方法のよい教育になります。ご参考までに。

5　うっかり至らぬ無知な人を演じ切る利口

ビジネスの場において、お客様に選ばれる人物にあなたを変えてしまう4つ目の手法は、〝うっかり至らぬ無知な人を演じ切る〟というテクニックです。

「自分は、①うっかりしがちで、②まだまだ至らない点ばかりの、③無知な人物である……と大真面目に最後まで演じ切ることで、戦略的に自分の人柄のよさを売る」という方法です。

演じ切るといっても、俳優さんのようにカッコよく演技をキメてくださいというわけではありません。相手に選ばれるために信頼が必要なビジネスの場において、日本人なら身につけている「謙遜《けんそん》」の話し方——自分を下げることで相手を立てる——に、この①②③という3つの要素を加えていただくだけのことです。

謙遜の話し方に加える3つの要素

なおこの手法は、大きく分けると、次の2場面で使います。

・先方に「こうしてください」「こうすべきだと思う」「教えて」と言いたいけれど、そのまま伝えると上から目線と感じられたり角が立ったりする可能性がある場合。

・相手方にミスや勘違いまたは不手際があり、一方で自分側が取った行動や言動には全くの問題がない場合。

そして、これら3つの要素を、具体的には仕事の場面で次のように使うのです。

①「こちらがうっかり勘違いして後々ご迷惑をお掛けしてはいけないので、今日の打ち合わせ内容の控えを複写していただいてよろしいですか？」

②「私が至らないばかりに、事前にお約束していた日時がわかりづらかったようです。申し訳ありません」

③「音声を録らせていただくことで、我々の無知がゆえの聞き漏らしや理解不足を防げると思います」

こちらの言いたいことや伝えたいことを、相手に嫌な気持ちを与えることなく、下手《しもて》のほうからスルリと伝えるテクニックです。

相手の非まで謝罪しているわけではない

間違っていただきたくないのは、あくまでも「自分がうっかり至らぬ無知な人間であることでご迷惑をお掛けしたので（またはご迷惑をお掛けするといけないので）、それに対してお詫びしている」だけのことだということです。

先方側に非のあるミスや勘違い・不手際などを自分が謝罪するわけでは決してなく、〝そこに至った経過で、気の利かなかった（気の利かない可能性のある）愚かな自分がいたことを詫びている〟ということを正しくご理解ください。

後ほど、ホテルマンの似たような謝罪の例もご紹介しますが、ここではあくまでも自身の〝うっかり至らぬ無知さ〟から来る気の利かなさを詫びているだけです。その点は、きっちりと理解していただきたいと思います。

至らなさを口にして、その人柄で支持を得る

うっかり至らない無知な自分を演じ切ることは、これらのようにただ謙遜して相手に嫌な気持ちを与えないようにするだけではありません。

実は同時に、「自分の控え目さと人柄のよさ」をもアピールすることになのです。

「私は間違っていません！」と事実を述べたり「俺が俺が」「私が私が」と自らを主張したりすることは誰にでもできますし、心の奥底ではそうしたいのが人間というものです。

しかしお客様から選ばれる続く会話の使い手は、あえて主張するのとは対極に自分の至らなさを口にして、その人柄のよさを売ることでお客様から確実に支持を得ていくのです。

これはビジネスの場だけではなく、日常生活や男女関係、婚活にも応用できる万能のテクニックと言えるのです。

他人が持たないテクニックで演技する利口さで、お客様に選ばれる

群馬県にある「珍宝館《ちんぽうかん》」をご存知でしょうか。北群馬郡吉岡町にある、「大人の性」がテーマの

明るく楽しめる美術館です。館内には男性器や女性器・女性の胸部をモチーフにしたオブジェや春画・奇石や装飾物など、全国から集められた貴重な性にまつわる〝珍宝〟が３５００点以上展示されています。

名物女性館長がそこで行う展示品の説明は、下ネタと毒舌の中にユーモアを織り交ぜて行われる軽快かつ絶妙なもの。股間にタッチするなど文字通りお客さんをいじり、巻き込みながら笑いを誘うというスタイルで、メディアにも度々登場していることからご存知な方もいらっしゃるでしょう。

この名物館長は71歳で、後継者がいないという問題に直面していました。タレントのマツコ・デラックスさんと村上信五さんが司会を務める日本テレビ系の番組に取り上げられた際、40歳の長男にこの館を継ぐ意思の有無を確認するため、館長がこんな言葉を掛けていたのが印象的でした。

「一番何が大変か？　って言えば、そこまで自分が演技ができて、馬鹿（バカ）になれて利口になれるか？　それだけなの」。

そして直後に、黒一色の背景にこんなテロップ。「馬鹿を演じる利口さ」。

このシーンを見たとき、私は「まさに〝うっかり至らぬ無知な人〟を演じ切ることと同じだ」と思いました。うっかりした至らない無知な自分を演じることは、珍宝館での下ネタ全開の説明に挑戦することと同様、自分を卑屈な人間に蔑《さげす》ませるように思えて抵抗を感じるかもしれません。

両者に共通するのは、〝他人が持っていないテクニックで演技する利口さを選べば、その先はお客様に選ばれる〟ということ。それは大いに仕事に活き、お客様に選ばれるあなたをつくるのです。

6 「知らない・教えて」と言う勇気

知らないんですか？　と言われたとき

仕事や日常生活で、専門または詳しい分野だったりプロであったりする自分が知らなくて、たまたま相手のほうが詳しい知識を持っていた、という経験がある方もいると思います。

例えば自分の住む都道府県についての知らない情報を、全くの他地域の人から「おたくの地域ではこんな制度が有名なのですね。これって便利ですか？」等と聞かれたとき。

私で言えば、大学の出身が法学部法学科なのですが、話題になって報道されていた法律の改正やその内容を「知らないんですか？」と言われたとき。

特に仕事に関する内容の場合は、知らなかったり答えられなかったりしたことが、「ビジネス面での自身の評価を下げたり信頼に水を差したりするのではないか」と悪く考えてしまい、つい知っているふりを装ってしまいます。

そう、知ったかぶりをしてしまうのです。

しかし、そんなときはぜひとも勇気を持って、こう言ってください。

「お恥ずかしいのですが、私、知りませんでした…。どういった内容なのか、教えていただけますか？」

知ったかぶりと「教えてください」

本来、自分のほうが専門で詳しいはずのことを「知らない、教えて」と返すのは、自らのプライドを打ち砕くことでとても勇気が要ります。ついつい知っているふりをして、自分を保とうとするのもわかります（私もそんな経験が何度かあります）。

でも知ったかぶりをしていることは、確実に相手にバレます。するとあなたの評価はそれまでの4分の3、75％程度にダウンしてしまいます。

一方で、素直に「知りませんでした、教えてください」と言った場合はどうでしょう。

実はあなたの評価に影響はありません。あなたが率直に「教えてください」と言ったことで、相手は「（専門であるはずの）あなたよりも知っていた」という嬉しさで満たされ自己満足する、というだけの話です。

あなたはすかさず、はひふへ法やイチゴリピートの方法で聞き入り、「いやぁ本当に勉強になりました。さすがは○○さん」と添えれば、あなたとの今後の関係がさらに良好になるのは言うまでもありません。

「知らない」で評価に2倍の差

更に冷静沈着な相手であれば、「この人はプロであるはずなのに、すぐに『知りませんでした』と言えて裏表のない人だ」と密かにプラスの評価が加わるでしょう。その場合はおそらく、それまでより信頼度は50％増しです。これまで以上にあなたとの仕事の関係は強くなることでしょう。

「知らない、教えて」と言える場合の信頼度はそれまでの１５０％、知ったかぶりをした場合はそれまでの75％。

たったこれだけで、評価が2倍も開いてしまいます。これは仕事でお客様に対するときはもちろんのこと、日常生活でも大いに活きる勇気です。

7　帰る間際の控え目な会話で核心を突く

コロンボはドアノブに手を伸ばしながら言葉を掛ける

「刑事コロンボ」をご存知でしょうか。

アメリカで制作・放送された、名優ピーター・フォーク氏の演じる警察官コロンボを主人公とした、全69話からなるサスペンス・テレビ映画です。日本でも、音声吹き替え版で１９７２年から２００４年まで放送され（ＮＨＫのＢＳでは２００９年～２０１０年にも放送）、コロンボのキャラクターと初代吹き替え声優・小池朝雄氏の独特の台詞回しのハマり具合が重なり、作品の魅力がさらに高まり人気の番組となりました。

コロンボは、よれよれのコートやくしの通っていないボサボサの髪の毛など、一見すると冴えない風貌です。容疑者のもとを訪ねて聞き込みを行うときは、へりくだった態度で「うちのカミさんがね……」と雑談を振り、夫婦間や親族間の意見の相違などを打ち明けて、相手に意見を求めたりします。話の終わり頃になって、「形式的な捜査なので」「報告書に書くためだけです」と言い訳しながら、やっと事件に関係する内容を幾つか持ち出すだけで、程なく聞き込みは終了します。

コロンボが「ご協力に感謝します」と出入口の扉に向かうため、容疑者は捜査が終わったことに内心ホッとします。するとドアノブに手を伸ばしながら、コロンボが控え目に容疑者に掛ける言葉は「あ、あと1つだけ（聞かせてください）」。

容疑者はコロンボが帰るという安心感から、つい問われるままに事件解決につながる重大なヒントをポロリと答えてしまう、というわけです。

実はそれまで行っていた雑談や、報告書に書くためという口実の会話はすべてダミーで、この質問が事件の核心に迫るために、最もコロンボが聞きたかったことなのです。

恥ずかしがり男にこそ適している控え目な一言

パッとしない外見はさておき、〝相手の心の隙を突く〟という意味で、この話し方には学ぶべきところが多いのです。控えめな態度と問いで、警戒を解いた瞬間に核心を突くという手法です。

まず初めに、会話を拒否されることのないよう相手を敬い自分は控えめな態度をとります。

続いて全く関係のないどうでもいい内容を、のんびりとした様子で切り出します。まるであなたと雑談をしに来ただけですとでも言うように、とぼけた言い回しでのらりくらりと相手を翻弄します。やっと本題に入っても、敢えておおざっぱなことしか尋ねません。

そう、第3章の〝のんびり・どうでも・おおざっぱ〟な話し方はここでもその威力を発揮します。ひとしきり会話が交わされた後、椅子から立ち上がったり出口に向かったりなど帰るそぶりを見せられると、人はこの場が終わると思いホッとして緊張がほどけます。気持ちの防御が手薄になり隙が出て、無意識に油断が生じるものです。

その一瞬の隙をついて、控え目な様子を崩さずに相手に最も聞きたかったことを投げかけるのです。帰る間際のこの瞬間こそが勝負で、相手が無防備な状態になったほんの一瞬から、本音が出たり素に近い回答が引き出せたりするものです。

例えば営業マンの場合なら、相手が成約してくれる条件や同業他社の相見《あい》積書の内容などに触れてみることになるでしょう。こんな具合に。

例：自分「今回の世界的なウィルス感染拡大には参りましたね。具体的な影響はありましたか？」

相手「会社というより、私の実家が小さな食堂なのですが、お客さんが来なくて本当に深刻で…」

自分「飲食業界は特に苦しんでいますよね（…雑談を続ける。そして帰る際）今日はありがとうございました」（応接室の椅子から双方が腰を上げ、出口の扉に向かうその瞬間に）

自分「そうそう、ご提案しているウチの企画書、他社からの内容と違うところはどの点でした？」

会話がうまく交わせない…と悩む恥ずかしがり男《お》こそ、帰りがけに控え目なたった一言なら言えるはず。お客様の真意を聞き出し、相手の心の隙を突くのに適しているのです。

8　怒りすら信頼に変えるホテルマンの高等テク

怒りを収めて信頼に変換する魔法

ホテルマンの常用する、仕事に使える特殊で高等なテクニックをご紹介します。

ホテルと言う場所は、会議や内覧会・展示会などの部屋の利用から食事や懇親会・各種宴会・結婚披露宴・宿泊に至るまで様々な目的で利用され、国内外から様々な人が集まってきます。そこで働くホテルマンたちは、多種多様なタイプのお客様に対応しなければなりません。

そのため、怒りすら収めて自分の信頼に変換する〝魔法の言葉とその使い方〟を知っています。

怒っているお客様がいます。ロビーやフロント、あるいは宴会場等で腹を立て、近くにいたドアマンやフロントマン、配膳スタッフに怒りを訴えています。一方の突然怒られたスタッフは何のことかわからず、ただしどろもどろになるばかり。偶然その場に居合わせたお客様も、心配そうに見ています。

すると責任者らしきホテルマンが飛んできて、そのご立腹のお客様に開口一番にこう言うのです。

「お客様、申し訳ありません！　ご不快な思いをさせてしまいまして！　……それで、どうされたのですか？」

これです。これがテクニックです。おわかりいただけますでしょうか？

何より第一声で謝罪

通常なら、怒っている人に対してはまず「どうしたのですか?」と聞きます。

そのうえで状況を把握しこちらに非があることがわかったら「申し訳ありません」と謝るのが順序であり筋です。

もし相手方の間違いや思い違いが原因で自分側に責任がないのなら、いっさい謝る必要などありません。

しかしホテルマンは、その順序をあえて逆にします。

話を全く聞かないうちに、まず第一声で謝るのです。

これが魔法の言葉と使い方なのです。

なぜならホテルマンは皆、「人には先に謝って怒りを抑えることで、その後の対処がスムースになること」を知っているからです。逆に変に言い訳をしようものなら、火に油を注ぐことになることも知っています。ですからコトの善い悪いに関わらず何より真っ先に相手に、謝罪の意を表明するのです。

人は、相手から先に「すみません」「ごめんなさい」「申し訳ありません」と言われると、それ以上の怒りを出しづらくなります。「自分の話を聞いてくれた、受け止めてくれた」という心理がはたらき、それまでしていた攻撃をしづらくなるからです（反社会的な人が言い掛かりをつける等の場合を除きます）。

そこですかさず第3章で挙げたトスや5W1Hを駆使し、ひたすらあなたファーストの体勢に持ち込んで話してもらいます。そこに「申し訳ありませんでした」というお詫びの言葉を幾度も挟み込んでいくと、勇ましかった相手の調子はどんどんトーンダウンしていきます。

最後に相手は「丁寧に聞いてわかってくれた、きちんと謝ってくれた」と驚くほど怒りが治まるのです。

相手方に責任がある場合の謝罪の意味

怒りの理由・原因がお客様側の犯したミスや勘違いから来ているなど、怒っている側に責任がある場合もあります。このときもホテル側は同じように謝ります。

しかしこの場合、わざわざ口にはしませんが、ホテル側としては本当は次のような趣旨で謝っているのです。

「私どもホテルは間違ったことはしていないのだけれども、お客様のミスや勘違い・思い違いが当ホテルにいらっしゃる際に起きてしまいました。

〝場を提供した立場として〟、不快な思いを与えてしまったことをお詫びします」。

つまりホテルマンの第一声は、自分（自社）側に非がある場合と非がない場合の両パターンを想定した、鎮静化に最も効果のある〝最大公約数的な謝罪〟というわけです。

なおホテル側に非がない場合、早かれ遅かれお客様は自身の過ちに気づき、怒った自分を恥じることになります。そして、「ホテル側は、悪くないのに一切自分を責めずにむしろ丁寧に対応してくれた」と感謝され信頼に結び付き、以後何かにつけて選んでくれるようになります。

自動車事故でも非があるなら謝る

日本では、平成の初め頃まででしょうか、「車で物損事故などを起こした場合、自分側に非があっても、過失の割合が高くなるので謝ってはならない」と言われていたようです。しかし現在は、自身に非が多くあると判断される事故ならば、相手方の心情を考えてまずは素直に謝ったほうがよいとされています。

自分の非を認めない姿勢は相手方の怒りを増幅させてしまい、本来なら収まる話もいつまでも決着しない結果になるからです。

わが国では、謝る姿勢が自分がその非を認めたことになる訴訟国家の他国とは異なり、すぐに謝罪したとしても「過失割合を自分：相手＝１００％：０％で同意します」と具体的に言ったことにはなりません。

最大公約数的に真っ先に謝罪の意を示すことは、怒りを鎮静化させるテクニックとしてとても有効です。ホテルマンのように怒りすら自分の信頼に変換してしまう言葉とその使い方は、日本ではどんな仕事でもお客様に対して応用できます。それはあなたを仕事で選ばれる男に変えるテクニックです。

9　話さないデジタル会話でファンにする

Eメール・SNSなどの〝デジタル擬似会話〟は難しくてレベルの高いツール

インターネットを介したEメール（電子メール）やSNSで、テキストすなわち文字・文章を擬似的な会話としてデジタルでやり取りする方法は、今や現代社会に欠かせないインフラです。

このようなEメールやSNSを使ったデジタル擬似会話を行うとき、あなたはどんなことに気をつけているでしょうか。

文字・文章でのやり取りは面と向かってする会話と違い、身振り手振りを使うことはできません。それればかりか、感情の加減を表情や抑揚や速度などで微調整することもできません。そういう意味で使い方がとても難しく、実にレベルの高い会話ツールです。

すべてのビジネスマンは、たとえ文章力に自信があったとしても決して過信せず、使い方に細心の注意を払わなければなりません。

次のような経験は、現代を生きる我々なら誰にでも一度はあるのではないでしょうか。

①送信した文章が相手から、高圧的・威圧的・一方的な態度と受け取られてしまった。

②送信した文章が、本来の意味や意図と異なって相手に伝わった。

③不適切または失礼にあたる表現を使って送信してしまった。

④相手先を誤り、送るべきではない相手に送ってはいけない文章やコメントを送信した。
⑤複数の差出人名を管理しているため、誤って異なる差出人名で送信してしまった。
こんな失敗を二度としないよう、現代社会に欠かせない電子的インフラを使いこなすデジタル擬似会話術をお伝えいたします。

自分をうっかり至らぬ無知な人物と徹底して表現

まず①についてですが、使い方が難しく高レベルのツールであるがゆえに発生する一番の問題です。仕事のステージにおいては、丁寧で控えめ・冷静なビジネスメールやメッセージが求められます。テキストだけでの送信は、油断をすると冷徹な文章になりかねません。

そこであなたはどんな相手であっても、自分のことをこの章でお伝えした〝うっかり至らぬ無知な人物である〟と謙遜を徹底して表現してください。高圧的と受け取られかねない文章を未然に食い止めることができます。

実際に、〝うっかり至らぬ無知な人〟を前面に出した実際のEメールの画像を次のページの図表16に載せておきます。

これは、実際に会って業務の打ち合わせをした後に改めて聞きたいことが発生したため、それについて質問したEメールです。私の会社が仕事の発注元であれば、相手方はすぐに回答してくれるはずですが、このEメールを送信した先はこちらと取引関係のない事業者のため、相手からは好意

【図表16　"うっかり至らぬ無知な人"としてメールする】

[redacted]様。12月1日にお世話になる[redacted]です。

有限会社プロス　ぐれいす[redacted]
To [redacted]

16:16 (1 時間前)

（株）[redacted]御中
[redacted]

いつもお世話になっております。
12月1日[redacted]でお世話になる有限会社プロス・ぐれいす(GRACE)の[redacted]です。

先日はいろいろお教えいただきありがとうございました。
当日はよろしくお願い致します。

実は私がその際にうっかりしていたことが2点ありまして、恐縮ですが改めて質問させて下さい。

[redacted]のマイクについては、
・[redacted]にワイヤレスで1本
・[redacted]に有線２本とワイヤレス１本の計３本
…をご用意いただいているとのことなのですが、ステージ[redacted]に、あともう１本のワイヤレスマイクが必要なのでした…（兼用で使うので、１本あればいいです）。
この場合、ご対応は可能でしょうか？
例えば、
・[redacted]のワイヤレスマイクをステージ用にする。
・もう１本のキャノンの有線マイクと延長さえあれば、（ジャックはあるので）[redacted]がそれぞれマイクを通すことはできる
…という状態だったりされますでしょうか。

音響のジャンルについては不案内なため、対応方法についてお教えくださいますようお願い致します。

なお、ステージ上のワイヤレスマイク１本と併せ、ブーム式のマイクスタンドももう１本欲しいのですが、現地にはありますでしょうか。

直接お会いした際に気づけばよかったものを、至りませんで申し訳ありません。
ご教示いただきたく、よろしくお願い致します。

ご返信をお待ちいたしております。

//
有限会社プロス
ウェディングプロデュース「ぐれいす(GRACE)」
担当：[redacted]

「うっかり至らぬ
無知な人」の代表的な
メールの例です

による返信を期待するしかありませんでした。

結果、このＥメールに対する返信やその後に実際に会えた際には、先方のこちらに対する様子はとても好意的であったことを付け加えておきます。

難しくてレベルが高いＥメールの文章づくりは、「実るほど　頭《こうべ》を垂れる　稲穂かな」の故事成語のことわざのように、こちらの立場に関わらず〝うっかり至らぬ無知な人〟と徹底して自分を表現するのがおすすめです。

デジタルなのにアナログな３度のチェックと指差確認

また②③④⑤については、〝急がず焦らず３度の確認〟が有効です。

時間に追われてバタバタとつくり、急いで送ったメールやメッセージには少なからず誤りや後悔の箇所があるという経験はありますよね？　これらのミスを防ぐために私たちが実行すべきは、パーソナルコンピュータやスマートフォンなどの電子通信なのにも関わらず、送信前の冷静な〝計３度の確認と指差し〟です。

まず、送信したい文章をつくります。パソコンのキーボードでもスマホのフリック入力でも音声入力でも構いませんが、これで送信できる！　という段階までつくり上げます。

しかしここですぐに送信してはいけません。ほんのわずかな時間で構いませんので、敢《あ》えて別の業務や用事に手を出してください。「美味しいおでんは煮込まないとできないのだ」と無理にでも思ってください。お手洗いに行ってみるのもおすすめです。たとえ業務多忙であっても、2～3分で構いませんので先の文章から離れてわざと別のことに着手するのです。

数分経過後、煮込んでいるおでん…つまりEメールやSNSのメッセージ文章を、改めてイチから確認します。

・題名や文章内容は適正か？
・不適切な表現や失礼な言い回しはないか？
・送信者名（自分）は正しいか？
・宛先や相手先名は正確か？

ちょっと面倒くさいですが、これらを必ず1つひとつ、わざわざ人差し指で差しながら確認（指差し確認）するのです。これで、今までのような送信ミスは8割がた防げます。

これで油断しないでください。もう1回だけ読み返します。

最後は送信した相手（または会社やお店）になったつもりで、自分の文章を開いて読んでいる場面を想像しながら読み返してください。このときは、①のように高圧的でないかどうかと、②のように文章が本来の意味や意図と異なっていないかの最終チェックを行い、更に精度の高い文章へと推敲するのです。

3度のチェックと指差確認なんて、なんとアナログなのでしょう。手軽さと早さが便利なデジタルツールであるEメールやSNSの機能に完全に逆行しています。しかしもとは人間の脳と手で一気に入力されたアナログな文章。3回の確認を経ることであなたの脳はクールダウンし客観化され、事前に間違いを発見して理想の文章をつくりあげることができるのです。

Eメールや SNSを使ったデジタル擬似会話は、面と向かうことも電話のような音声の双方向通話もない、いわば〝話さないデジタル会話〟です。

第3章でお示しした1対1の会話で支持される男になれたあなたは、3回の確認を経る話さないデジタル会話で、仕事の相手から選ばれて評価され、ファンになってもらうことができるのです。

10　話さないアナログ会話で大ファンにする

初めてのお客様にも一刻も早く安心感を持ってもらいたい

親戚や友人があなたの扱う商品やサービスを求めて来た場合、あなたは手間暇を惜しまずに説明したり細かく対応したりと力を尽くすと思います。このように人は知っている相手には惜しまず労力や時間をかけるので、依頼する側としてはとても安心です。この章のはじめに、お客様が選ぶ事業者は〝知っている安心さん〟であるとお話したのはこの所以《ゆえん》です。

すべてのお客様に、旧知の仲のような安心感を持ってもらいたい。

これができたなら、事業者や営業マン・接客担当としては大きな喜びです。掛ける時間も経費も限られる中、どうしたら自分に対して安心感を持ってもらうことができるのでしょうか?

営業・接客の世界では、お客様に会う回数が多ければそれだけ親近感が増すため、会う回数と成約率は比例すると言われています。お客様の立場になれば、大きな買い物になればなるほど不安感が増すので、会ったことのない人からは買いたくありません。ということは、知らない人であるという状態を脱するために、あなたはお客様と何度も会う必要があります。できれば何回も直接話し、関係性を深めておきたいところですよね。

そこで先方にアポイントを取って時間を拘束する必要が出てきますが、売り込みたいあなたに、相手が何回も何回も時間を取ってくれるはずはありません。また約束を取り付けることができても、訪問するには時間も人件費も移動のための交通費もかかります。

会わず話さずで擬似的に会話できるアナログな手法

そこでご紹介するのが、まるで会って話したかのようで、でも実際には〝会わずに話さずに、親近感と安心感を持たれる手法〟です。

これは、会って上手に話すのと近い効果があるのに交通費が100円未満で収まり、実際には会うことも話すこともなく済んでしまうアナログ手法です。昨今、急激に進んでいる業務のテレワーク化にも対応した〝リモート営業方法〟ともいうことができるでしょう。

それは〝郵便で送る通常はがきに手書きで手紙を書いて送り、擬似的に会話する〟方法です。

手書きはがきで擬似的に会話するときの注意点

ではまず、手書きはがきを書くときの7つの掟（注意点）をお伝えしましょう。

掟①：字は下手でも構いません。

ただし速く書こうと思わず、丁寧に書いてください。

掟②：はがきに書く内容は、挨拶文の他には「お礼」と「1文以上のオリジナル」のみとします。

・「お礼」とは、前回お会いできたお礼、時間をとってもらったお礼、業界や会社のことを話してもらったお礼など、先方と絡んだ事実へのお礼の言葉を指します。なお自社や自店の顧客となった後は、業務完了のお礼・入金のお礼・顧客アンケート記入のお礼等、支払いや手間をかけたことに対して等のお礼を書きます。

・「1文以上のオリジナル」とは、会ったその場の独自（オリジナル）な内容の感想を、必ず1文以上は加えることです。ここが何よりの肝《きも》になります。「あなたのためだけに書いた」という何よりの証拠になり、まるで話しかけられているかのような印象を持ってもらえるからです。〝たかが1文、されど1文〟です。

例えば「…（先日お会いした際は）本来の宿の正面入口よりお越しくださったからこそ、徒歩にて最も紅葉の見頃を迎えた駐車場側庭園をご覧いただくことができ、感謝申し上げます」「…（お会いした）あの後、週が明けて、県内は寒波に見舞われましたが、（お住まいの）市内も積雪等で大変だったと思います」

…といった具合です（図表17の「手書きはがき」の実例をご参照ください）。

これを怠って挨拶文とお礼文だけになってしまうと『この人、いつもこれと同じ文章をお客さんに送っているのでは…？』と思われて効果が半減してしまうからです。

掟③：はがきの趣旨はあくまでもお礼に徹し、決して売り込みの文章は書かないことです。

〝お礼の気持ちだけをわざわざはがきに書いて送ってくる誠実なあなた〟の姿勢を正しく伝えなければなりません。

掟④：はがきにはあなたの顔写真を印刷します。

証明写真のような真面目な表情ではなく、会話する際の親しみある笑顔でなければなりません。文を書く面積を調整するため、話しているかのように吹き出しを設けるのもおすすめです（これらはパソコンやスマホ等があれば経費が掛からずにつくれます）。

掟⑤：顔写真の他に、あなたや会社・お店の連絡先、見て欲しいホームページのＵＲＬやＱＲコード等を予め印刷しておきます。

本文を書く以外に、その都度これらを記入する手間を軽減するためです。

掟⑥：「謹啓～謹言」「拝啓～敬具」などの頭語・結語はあえて省略します。

頭語・結語まで入れる文章は堅苦しくなりがちで、自身の書くという行為が長続きしなくなることを防ぐためです。掟の④⑤を予め印刷する都合上、正式なマナーをふまえた手紙とは言い難いからという側面もあります。

掟⑦：まず別の紙に文章の案を走り書きして表現や書く順を簡単に推敲し、できあがったらはがきに清書します。

時間短縮を図って初めからはがきへの本番書きをすると、書き直したり悔いが生じたりして結果的には時間とはがきがムダになってしまいます。なお小学生のように、鉛筆で下書きした上からペンで清書し後から下書きを消しゴムで消す…等のやり方は、表面が擦れたりケバ立ったりして見栄えがよくなく、相手にもそれとわかってしまいますので、大人である我々は避けるべきです。

擬似的な会話にはがきを使う理由

次に、はがきをあえて使う７つの理由をご説明しましょう。

理由①：実際に会うと時間・人件費・交通費等が掛かりますが、はがきは1枚あたり63円で、アナログな送付システムの中では最も安価です（２０２０年10月現在）。

理由②：はがきは受け手側に開封の手間がなく、人間の心理から手に取った瞬間にほぼ間違いなく記入面を読んでもらえます。はがき到達時に本人が不在でも、後ほど確実にその手に渡り読まれます。

なお封書だと開封されずに放置または廃棄される可能性があります。

理由③：写真と手書き文のダブル効果で、受け手側があなたに実際に会っているように感じてくれる効果があります。

またはがきという形態は受け手側に必要以上の重みや圧迫感などを与えることがなく、自然な形で書き手の人柄や誠意を感じさせることができます。

理由④：インターネットを介した通信全盛のこの時代に、あえて手書きのはがきを書く人は唯一無二の存在として珍重され、印象に残ります。実際に、現代に手紙を書く人はあなたが想像するよりもはるかに、劇的に少ないです。

理由⑤：受取側にとっては自分に対しての手書きの文章で、かつ相手の顔写真入りなので一定期間は保管される可能性があります。関係者間で回覧される可能性もあります。

理由⑥：はがきは理由②のとおり、誰からでもすぐ読まれる性質のものなので、ふざけたことや秘密めいた内容は書けず、おのずと品行方正で誠実な内容になり、品性のあるあなたが演出できます。

理由⑦：封書による手紙は記述量や封入の手間が大きいため、書き手側が長続きしません。はがきを書く作業量が、継続できるギリギリのラインです。

はがきによる擬似的な会話の感想と効果

さて実際に、手書きはがきの効果を調べてみることにしました。弊社のお客様に、「手書きのはがきを受け取ってみてどうでしたか？」と聞き、それら生の声をカテゴリー別に分類してみました。

【図表17　話さない会話である「手書きはがき」】

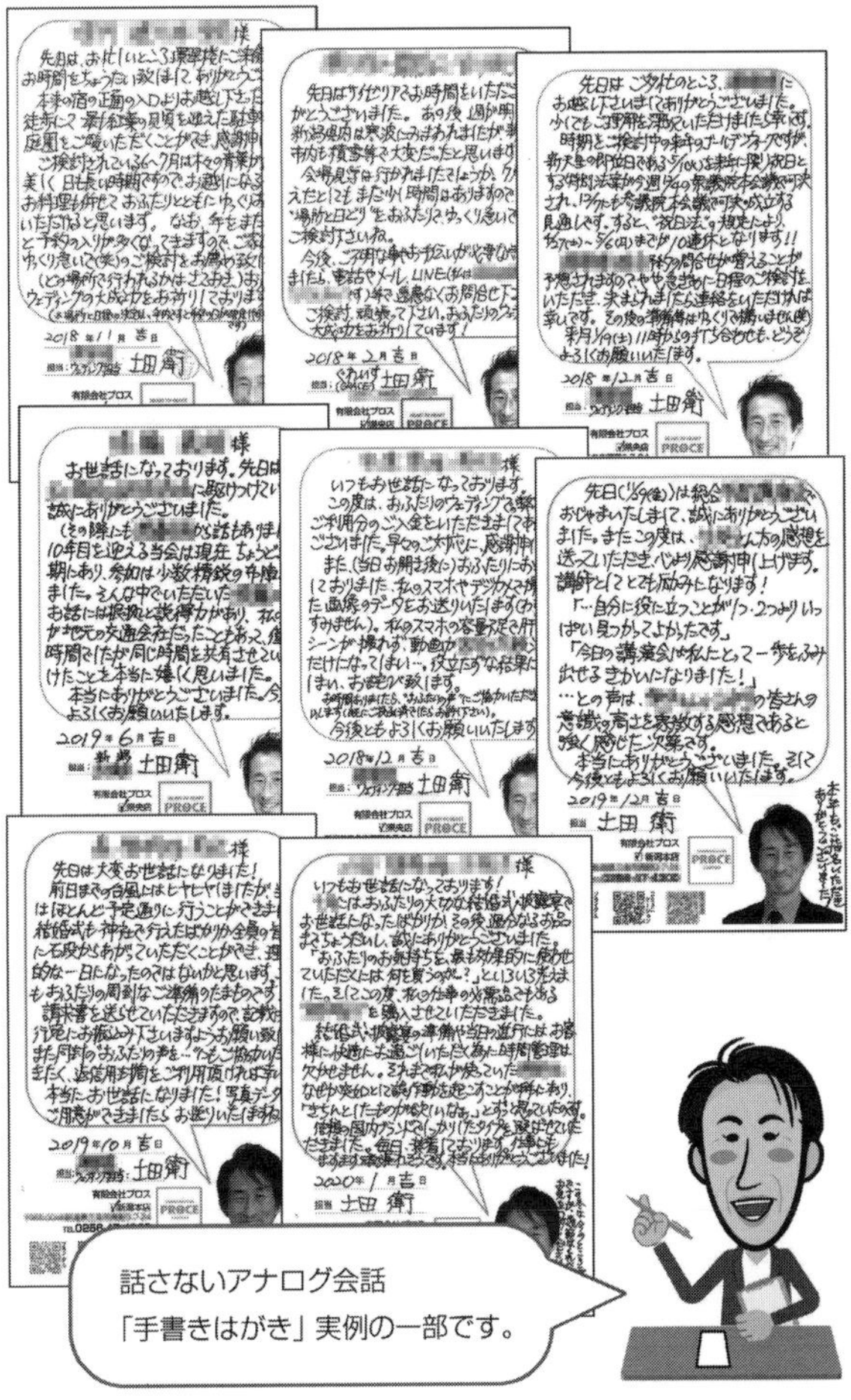
話さないアナログ会話
「手書きはがき」実例の一部です。

【届いた際の印象】
・目に留まった。　・全部手書きだと「どうしたんだろう?」ってなるけど（笑）、印刷の部分と手書きの部分と両方あったので読みやすい。　・顔の写真が入っていて覚えている。
【届いて読んだ時の気持ち】
・違和感がなかった。　・はがきが届いて（心に）スッと入ってきた。　・とてもよい印象を持った。
・手書きなのがよかった。　・温かみがあって嬉しい。　・手書きは心理的に訴えかけるものがある。
【書き手に対して持つ印象】
・誠意が伝わる。　・自分が「大事にしてもらっている感」がある。　・手紙を書いた時間をつくってくれたと思うと、仕事を丁寧にしてくれると期待できる。　・手書きのはがきの作成に時間がかかる分、私たちのことを気にかけてくださっていると感じるので、とても嬉しい。　・また会いたいな、と思う。　・何もないよりは、少なくともプラスになる。
【効果】
・はがきをもらったので正式に（仕事を）お願いしようと思った。　・手書きはがきが（契約の）決め手になるかが一般的かどうかはわからないが、私たちには大きな影響があった。　・ありきたりな文章ではなく独自で個性的な文章を書いてくれたので「（この人は他の人と）違うな」と記憶に残った。　・受け取ったはがきは捨てられず取っておいてある。　・5回も書いてくれた（↑著者注：実際に出したのは3回）　・10通受け取った（↑著者注：実際に出したのは7通。実数より多く受け取ったと思い込む傾向があることがわかります）　・もし受け取ったほんの数％の人が「（はがきをもらっても）面倒くさいな」と思うとしても、そう思わない人が割合的に高ければよいだけの話で、少なくても私たちは思わない側。

手書きはがきで擬似的に会話した、見込客と既存客別の効果

また、まだ正式にお客様になっていない「見込客」についても集計してみました。

弊社では、１度お会いした見込客に対しては必ず手書きのはがきを出しています。本書の執筆現在で、手書きはがきを出した直近の25件のお客様を遡って調べたところ、19件のお客様から成約を獲得していることがわかりました。母数が少なくて恐縮ですが、成約率は76％！

インターネット印刷会社・ラクスル株式会社の調べによると、各家庭にポスティングしたチラシの反応（商品の購入や申込み）率は全国平均で０・75％、また新聞折込の反応率は全国平均で０・32％とのこと。

１度は見込客に会っている状態である弊社の成約率とポスティングの反応率の単純比較はできませんが、〝お客様と１度会っているという事実は放置せず、私たち事業者側が真面目かつ誠実に仕事をしていることをわかっていただく機会にしなければならない〟ことだけは理解していただけると思います。

なお、既にお客様になっていて利用している（または利用してくれた）「既存客」の場合は、既

に人間関係ができているので、はがきを出すことで会っていないのにも関わらず、実際に会って話したような効果と更なる親近感を生みます。「丁寧に仕事をしてくれている」、「大事にしてもらっている」という先の感想からも、これまでより更に関係性を深める状態への到達に一役買っているのは確かです。

話さない〝アナログ擬似会話〟は、恥ずかしがり男《お》にピッタリ

はがきによるこの擬似的な会話法は、古典的・アナログすぎて現代人には敬遠されるため、実際に行っている人が極めて少なく、ライバルに圧倒的な差をつけることができます。また、移動時間も経費もかけずに、更なる安心感・親近感・信頼感を構築できて大ファンになってもらうことができます。流暢に会話が続かなくても、「事業者側の私から見てあなたは特別なんです」という『あなたは特別』感、即ちあなたファーストを出すことができるのです。私たち恥ずかしがり男《お》にぴったりの手法です。

この章の冒頭で、お客様は〝知っている安心さんから買う〟とお話しました。

この話さないアナログ擬似的な会話からわかる、お客様が買いたくなる営業マンや接客マンの更なる定義はこうです。

「お客様は〝自分のことを明確に覚えていて、特別に思って話したり気にかけたりしてくれる人〟から買いたい」のです。

第5章

いつでもどこでもタダでやる

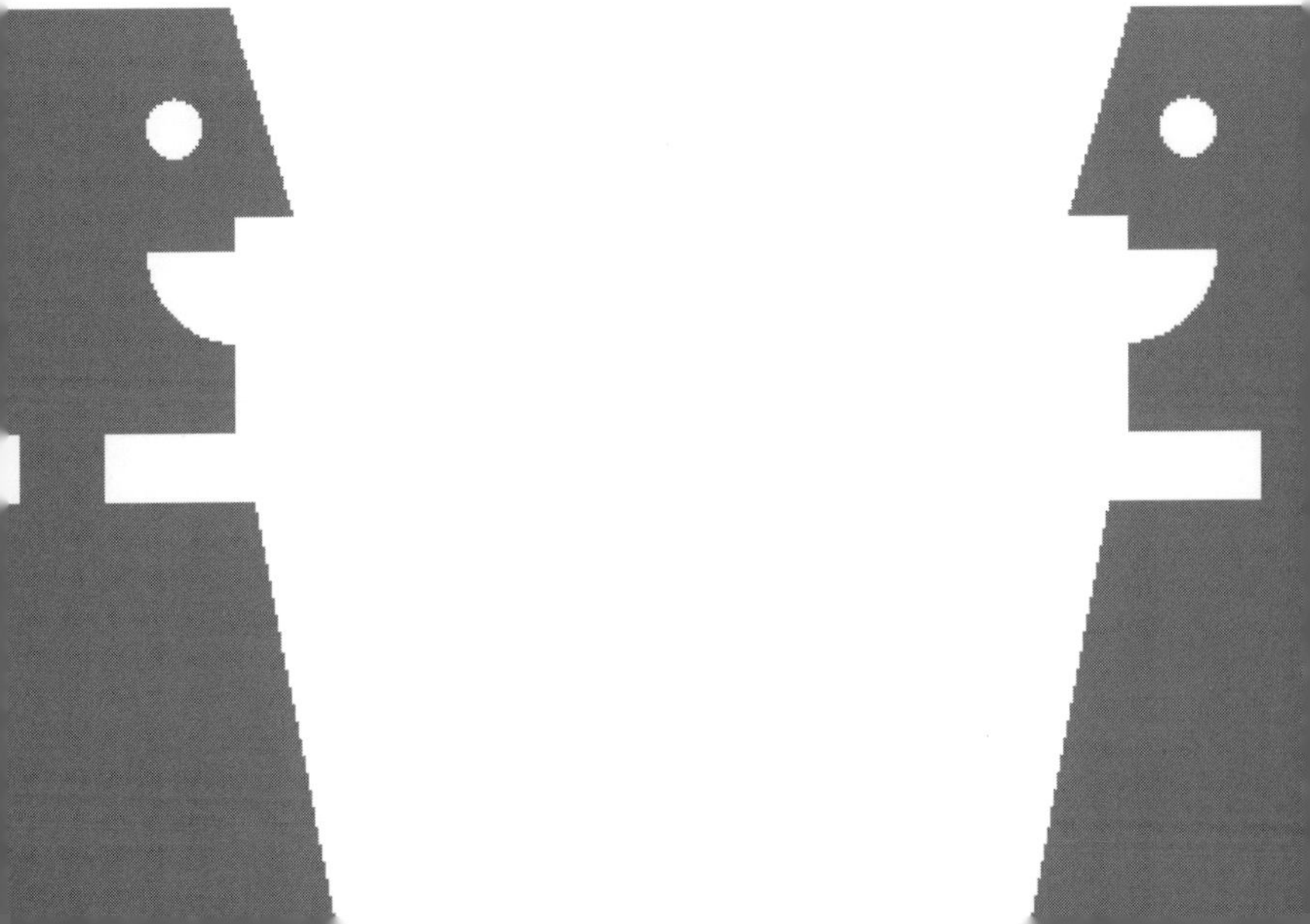

1　街のガラスを利用する

身体に染みつけるための心構えを

これまで本書では、人との会話が続く力を得るためにはどうしたらよいかについて、第2章で私たちがとるべき身体の姿勢やスタイル、第3・4章では具体的な言葉や会話のテクニック、をそれぞれお話してきました。

ところが私たち人間というものは新たな方法を知ると、知ったことで満足してしまって実行せずに終わってしまうことも多いものです。例えば、勉強会や講演会等で素晴らしいスキルやノウハウ・役立つ情報を得て、「とてもよくわかった！　自分（自社）も実行しよう！」と思った人のうち、その場を離れた後で実際に実践に移すのはその中の20％程度しかいないと言われています。つい目先の雑多な忙しさを優先してしまうことが主要因ですが、これでは意味がありません。

そこで第5章では、お伝えしているすべてをモノにするために、〝身体に染みつけるための日々の心がけ、心構え〟をお伝えします。「どんな場所やタイミングで実践し取り組むのがよいのか？」について、と言うこともできます。

あなたには、ホップ・ステップ・ジャンプのうちの最終段階である「ジャンプ」としてフィニッシュし、会話の続く男になっていただきます。

自宅やその付近、コンビニや通勤で実践とトレーニングをする

まず、第2章の正しい歩き方の4点セットである「視線・頭頂部・おっぱいミサイル・足運び」について。私たちはいかなるときも、これを忘れずに実践しなければなりません。

・起床し寝室から出て、リビングルームに向かう廊下を歩くとき。
・自宅マンションの入口扉を開け、階段やエレベーターホールまでの直線廊下で。
・自宅玄関から、集積場にゴミを出しに行くその往復時。
・出勤や外出時に、駅や職場などの目的地まで歩くとき。
・コンビニエンスストアに立ち寄る際、駐車場で車を降りてから店内まで進むとき。

以上のようにどのようなときにも、〝視線は地表面と平行にして、頭頂部を引っ張り胸部からミサイルを発射させながらの白線中心の足運び〟に常に気を付けながら歩いてください。

初めのうちは「家にいてもやるの？　寛げないなぁ」と思うかもしれませんが、実はそんなに大変なことではありません。要はあなたの身体をその姿勢・体勢に慣れさせることが大切なのです。

歩いていても無意識にこの姿勢が実践できるようになるまでは、意識的にやり続けてください。

通勤や通学で電車を使う人、また仕事で徒歩が多い人はラッキーです。そのために時間をあえて割くことなく、変わらぬ生活をしながら日々の訓練を同時に行えてしまうからです。

映して姿を確認する

なお1人で毎日の訓練をする際にもう1つ、客観的に自分の姿を確認することを忘れないでください。「自分では完璧にできていると思っていた歩き方は、人から見たときにどんな姿で見られているのか？」のチェックを怠らないことです。そのためにはどうするか？

街を行く際、あなたの歩く姿がお店の鏡やショーウィンドウに映ることがあります。今どきのお店は、外から店内を見えやすくして入店の心理的な抵抗感を抑える効果を狙うために、正面や前面部のガラス面積の占める割合がとても大きくなっています。これは私たちにとっては実にありがたいことです。

そのお店の前に立つだけでそこに映る自身の姿勢を確認でき、ガラス面の施してある右端から左端までを歩く間には、第三者の視点で実際に自身の歩くナマの姿を確認できるからです。

街中でもショッピングセンター等の建物内でも、ショーウィンドーやガラス面は実に多いです。このガラス面を活用させていただきましょう。実際にはガラス面の向こう側にはお店の人やそこを訪れているお客様がいますので、立ち止まって姿勢の確認をするのは自宅やお店などでの鏡で行い、広いガラス面を利用するのはあなたが歩行の動きをチェックする場合に限るといいでしょう。

あなたがよく電車や地下鉄を使うなら、活用するのにもってこいです。最近のそれらの車両は窓の開口が大きく取られていますから、ホームで少し歩いてみると、電車が停車しているときや到着のために減速したり出発して加速していったりする際にも、あなたの歩行の姿はよく映っています。

　私は、気持ち悪いと言われようがナルシストと言われようが、こういった自分自身の歩く姿を映して行うチェックは現在も続けています。私は油断していると前屈みになって気持ちが内籠りしてしまうようなタイプでしたので、頭上のロケット&おっぱいミサイルを同時発射しながら進む…という点に最も気を付けていました。

　鏡やショーウィンドウなどを見て、「オレの歩き方はカッコいい？　颯爽としている？　前を向いている？」と確認する作業は、会話のための姿勢とテクニックを身につけるすべての基礎として不可欠です。

2　あいさつは、返すな！

隣の奥さんに先に仕掛ける

　今ほどは街角のガラスやショーウィンドーをタダで活用する方法でした。次は、近所の人や知人を利用して、タダであなた自身を会話が続く男にトレーニングする方法です。

　私は、これが最も効果的にあなたを変える自信があります。お金も全くかかりませんので、ぜひとも実行してみください。

　あなたが出勤や外出時に玄関を開けたところ、少し離れた――例えば20数ｍ～30ｍ程度――の距離の位置で、隣の家の奥さんが掃き掃除をしていたとします。奥様はあなたの存在にまだ気づいて

【図表18　あいさつは返すものではない】

あいさつは、返すな！
話しかけるのではなく
まずはあいさつだけで
いいのです！

いない様子。さてあなたはこのとき、どうしますか？

ここで私が強くおすすめしたいのは、〝あいさつは、返すな！〟…です。

私たちは誰もが小さい頃から、「あいさつをしよう」と教えられてきました。物心ついた頃から小・中学生時代までは、保護者や学校の先生などから繰り返し指導されてきたと思います。あいさつ運動という言葉は、義務教育の9年間で何度も目にする校内でのあいさつ推進キャンペーンです。

そんなふうに教わったはずなのに、あいさつを返さない、とは非常識極まりないことです。いったいどういうことなのでしょうか？

私がすすめる〝あいさつは、返すな！〟とは、「あいさつは、返すものではない。自分から先に仕掛けるものなのだ！」…という意味なのです。

さきほどの玄関先での隣の家の奥さんとの場合は、距離感がビミョー（近いような離れているような中途半端で曖昧な距離感）なので、あいさつをしなくても特に失礼ではなく無視をしたことにはなりません。あなたが急いでいるふりをしてその場をやり過ごせば、そのまま何事もなかったかのように時が流れていくだけです。

しかし会話上手な男を目指すあなたは、それではいけないのです。そのようなビミョーな距離感のときこそ、徹底的に〝あいさつは、返すな！〟を実行してください。あいさつを自分から先に仕掛けることに徹するのです。

奥さんに数歩でいいから歩み寄り、「○○さん、おはようございます！」と言う。

たったこれだけでいいのです。

話しかけるのではなく、あいさつでいい

あいさつというのは、実にハードルの低い言葉です。小学生でもそれに満たない未就学児でも、日本語が少しわかる人なら口にすることができるからです。

私はあなたに「奥さんに話しかけてください」などという難易度の高いことをお願いしたのではありません。「おはようございます」「こんにちは」「こんばんは」「お疲れ様です」…。まずは、このような数文字のあいさつの言葉を掛けてくださいとお願いしただけです。これなら、少しだけ恥ずかしがり屋ですが常識的なあなたなら、口にすることはできますよね。

そんな数文字のあいさつを、言われるのを待つのではなく〝自分から先に相手に言う〟というだけのことなのです。

気にしなくていい、安全でなければいけない

ここで注意したいことを2つお伝えします。

その1つは、ごく稀にですが、こちらから先手必勝のあいさつをしても、返事が返ってこない場合があることです。せっかく意を決して自分からあいさつしたのに、返事を返してもらえないのです。これは結構ヘコみます。「やっぱり自分から先にあいさつするのなんて止めよう」とすら思ってしまいます（私ですら返事がないと、ちょっとショックに思います）。

これには色んな要因があります。周りが騒がしかったり耳が遠かったりして、単純にあなたの声が聞こえなかった。誰もいないと思っていたので、急にあいさつをされてびっくりしてしまった。または、あなたのほうからの声かけが珍しくて、とっさに返すことができなかった。あるいは、相手も同じように恥ずかしがり屋であいさつを返すことができなかった…。

そんなときは、〝決して気にしないこと〟に限ります。

ここで大切なことは、自分が会話の続く男になるためのトレーニングとして〝あいさつは返すな〟を実践しているわけで、相手からの返事の有無は全く問題ではないからです。返事がないのは気にはなりますが、あえて考えないようにしましょう。先にあいさつを仕掛けることのできた、あなた

の勝利です。それでよいのです。

2つ目の注意です。あいさつは返さず自分から先に仕掛けることが大原則なのですが、あいさつを仕掛けるのはお互いの安全が確認できる場合に限ります。

自分や相手が車を運転している場合はもちろん危険ですから避けるべきです。たとえ自転車であっても、双方が安全だと言える場合にのみ仕掛けるようにしましょう。「あいさつは返すな！」に一生懸命になり過ぎるあまりその実行が義務になってしまうと、周囲を冷静に見ることができなくなりますので気をつけてください。

心の持ち方を積極的に変えるのに最も効果的

近所の人はもちろん外出時に見かけた知人や友人をも利用して、タダであなたが自分自身を会話の続く男に変えることができるトレーニング――それが〝あいさつは、返すな！〟です。

これまでお伝えして来た会話のテクニックを会得するのはもちろんですが、それだけでは宝の持ち腐れです。つい楽なほうに走って内に籠った消極的な自分に戻ってしまいそうになる己を姿勢から改め、人と会話を交わす準備がいつでもできる、開《ひら》けた状態の自分をつくるための取組みなのです。

あなたの心の持ち方を積極的な方向に変えるのに最も効果的がある「あいさつは、返すな！」。今日からぜひ実行してください！

3　絶滅危惧種の有人レジを利用する

現代の絶滅危惧種とは

「あいさつは、返すな！」を日々実行することで、心を常に積極的な状態にすることに慣れてきたあなた。次は、そこからさらにレベルの上がった心の状態にするレッスンに進みましょう。

〝存在している今のうちに、絶滅危惧種を利用する〟というアクションです。

現代のあなたの周辺で〝今まではその存在は当たり前だったが、今後はなくなる可能性のあるもの〟を挙げるとしたら、それは何ですか？　現代の絶滅危惧種とは何だと思いますか？

分厚い百科事典？　電話回線を使うファクシミリ機器？　受け渡される現金？　公文書に押印される印鑑？　車の自動運転化による運転手？

どれもなくなりそうなものばかりです。

では、お店で支払いをする際の〝人の手による会計（又は有人レジ）〟はどうでしょう？

実店舗で行った買い物を、そのお店の人が購入物の確認と併せて袋詰めしてくれて、代金の受け渡しを行うのがお会計やレジ係の役割でした。お金を支払わない不届き者からお店を守る意味もあって、レジにはお店の方が詰めているのが当たり前でした。

しかしあなたも、そんな店頭に変化が起きているのにお気づきになっているはずです。最近のスーパーマーケットでは買い物をすると、商品のバーコードをピッと読み取ってくれるのはお店の方ですが、支払いは「この隣の1番の精算機でお願いします」と案内されて、精算機の投入口に紙幣や硬貨を入れて買い物が完了することが多くなってきています。

あるいは完全なセルフレジが用意されていて、お店の方が一切介在せずにお客側がすべての袋詰めと精算を行うことも珍しくなくなってきました。また自席での画面操作で会計ができる飲食店や居酒屋も増えてきていますし、フロントで出迎えているロボットでチェックインできるという先進技術のホテルまであります。

人手不足や人件費の削減という社会や企業側の事情を背景に、日本人の道徳心の高さと電子技術の発達が相まって、人の介在する会計やレジは少しずつ数を減らしてきています。

しかし今のところまだ、スーパーや量販店・コンビニエンスストアなどではレジで人が対応してくれるお店のほうが主流です。レストランや居酒屋等においても、会計時には人が関わってくれるところのほうが圧倒的です。このような状況において、私たちは急がなければなりません。

わざわざ相手を見てありがとうと言う

消滅の危機がありながらまだその多くが現存している有人会計やレジには、今なら

- あなた自身の会話力をタダで向上させることができる
- そこで働くお店の人たちに対しては喜びとやりがいを与えられる

・その場にいた他の人や世間に対してよい雰囲気を提供できるという〝三方よし〟の利用の仕方があるのです。

その利用の仕方はこうです。お店の人から買い物袋に詰めてもらった商品を手渡されたり、レジでの支払い時にお釣りやレシートを渡されたり、注文した料理が自席に運ばれてきたりしたとき。受け取った直後に、わざわざ相手をしっかりと見て「ありがとうございます」と言うのです。できれば相手の目を見ながら、それが苦手な場合には鼻か口に向かって語り掛けるといいでしょう。

こちらがお客なのに「ありがとう」と言うばかりか、ご丁寧に「ございます」まで付けましょう、というのですから、馬鹿げていると思われるかもしれません。しかし、ここで大切なことは、こちらが客であるという優越感・上位感によって心理的に余裕のある状態を利用して、優位に立ちながら「ありがとうございます」と言ってほしい、ということなのです。お礼を言うというよりは、〝会話力向上のために敢えて言う〟のです。

自分のためのタダでできる訓練と割り切る

さて、客であるあなたが意を決して、お店の人の顔を見ながら「ありがとうございます」と言ってみると、驚くべき事実が発覚します。それはスーパーやコンビニ等のレジの担当者はお客様であれば、誰にでも「ありがとうございました〜」と言っていますが、実のところ、相手の顔を見ながら声を発している人はほとんどいないということです。私たちがそれまで持っていたイメージとは異なり、実はお店側のスタッフはあなたの顔を見て声を発してくれていないのです。

自分が顔を見て言っているのに、相手からは視線が向けられないという虚しさ。あなたはお礼の言い損をしているような気がしてくるはずです。

実はこれ、お店やスタッフ側に非があるわけではありません。レジ担当の人は1日に何十人もの、多いと何百人ものお客様をさばきます。いちいち相手の顔を見て対応していたら時間もロスしますしそもそも精神的に持ちません。あえて流れ作業的に行うことで、時間の無駄と精神の浪費をおさえているのです。

ですから相手がこちらの顔を見て、返事を返してくれなくても当たり前。〝あいさつは、返すな！〟のときと同様で、自分のための訓練と割り切ってお礼の声掛けを続けてください。

ちなみに店頭で、私たち客の顔を見ながら丁寧にしっかり声がけをしてくれる数少ない場所も存在します。それは、デパート（百貨店）です。安売りをするわけではないが、品質のいいものを適正価格で売る、信頼と安心の小売店です。ぜひお近くのデパートで買い物をして、レジで商品やお釣りを受け取りながら顔を見て「ありがとうございます」と言ってみてください。すると相手もあなたの顔を見ながら、笑顔で言葉を返してくれるはずです。

デパートのスタッフは接客や会話の達人です。あなたはそんな達人と同列で積極的かつ前向きな、1レベル上の心の状態になった自分を褒めていただきたいと思います。

4　昨日と同じ今日でいい！　を続けよう

方法は揃った、あとは実践してタダで自分のものにする

これまでご紹介してきたのは、いつでもどこでも誰にでもそしてタダでできる、会話する力の上達方法です。1対1の会話が続く男になるための、これ以上取り組みやすくてハードルの低い方法は他にないと私は思っています。

方法が揃ったので、あとはそれを実践してタダで自分のものにするだけです。これ以降はあなた個人の行動に頼るよりほかはありません。

すべての大工道具とすべての部材とそれらの詳しい使い方・設計図と組み立て方は漏れなくご提供しましたので、あとはあなた自身が家具を造っていくだけです。すべての食材とすべての調理道具や器具、数々の料理のレパートリーやそれぞれの調理法の詳細は余すところなくお伝えしましたので、あとはそれをあなたが日々、実際に調理するだけなのです。

この章の初めに、「勉強会や講演会で素晴らしいスキルやノウハウを聞いて、『自分（自社）も実行しよう』と思った人のうち、本当に実践するのは20％程度しかいないのが現実」とお話ししましたが、わざわざ本書を手にして読んでいるあなたなら、１００％の確率で実践してくれるものと信じています。

昨日できた腕立て伏せだから今日もやれる

とは言え、タダとはいえども（タダだからこそ!?）、新たなことに取り組むのは長続きするかどうかが心配になる気持ちもよくわかります。少しだけ、私の話にお付き合いください。

私の小・中学生時代は、背は低く痩せていて極めて非力で、お世辞にもモテるタイプではありませんでした（現在もそのなごりで身長は170cm程度。高いとは言えません）。中学2年生の冬と記憶していますが、体育の授業で、懸垂運動が何回できるかという計測がありました。懸垂とは、鉄棒にぶら下がり腕の力でアゴが鉄棒の高さに来るまで体を持ち上げる結構キツい運動です。跳び上がって、鉄棒を両手で掴む私。全腕力を使って歯を喰いしばりましたが、私の顔は少しも鉄棒に近づくことなく、力尽きてその身体は敷いてあったマットの上に落下したのでした。

若干14歳の私は、この事実をとても情けなく思いました。男のくせに自分の身体を1回も上げることができないなんて……。

そして土田少年はその日から、腕立て伏せをスタートさせました。

図書室にある体育関係の教本などで、その正しいやり方を調べました。両手を肩幅より少しだけ広めに開いて床に着き、自分の頭から背骨・脚までを1枚の板と見立てて尻が突き出ないように意識しながら、腕だけを上下に屈伸させるのです。

と言っても、初めは1回すら満足にできず、当初の目標は〝教本通りの腕立て伏せを5回、ごまかさずに行うこと〟でした。

数日後に、たった1回でしたが、正しく行うことができるようになりました。「昨日と同じ今日でいい」と自分を甘やかしながら、記録を伸ばすのではなく〝毎日継続すること〟を目標にしました。するとある日突然に2回を、またしばらく後には調子が出てきて3回をこなせる日が出てきます。昨日と同じ今日でいいのですから「昨日できたんだから今日も3回やれるよな?」という欲のない調子で、ゆっくりとゆっくりとですが回数が増えていくようになりました。

数を増やすことよりも続けることを目標としたのでした。

昨日の腹筋運動と同じ今日でいい

それから9年ほど経って社会人になった頃には、腕立て伏せは100回くらいこなせるようになっていたと思います。

その頃、私は訪れた小売店の店頭で偶然にトレーニングベンチを目にしました。トレーニングベンチとはベンチ上に横になって脚を直角に垂らし、上体を起こす運動をすることで腹筋を鍛える器具です。今では大型スポーツ店などでも目にしますが、当時は週刊の少年漫画雑誌の裏表紙の広告で「ひ弱な俺にサヨナラ!」といったキャッチコピーが書かれて、ダンベルやベンチプレスの写真とともにしかお目にかかれないものでした。毎日の腕立て伏せに腹筋運動を加える決意をして購入。その初日は、やはりただの1回すら上体を起こすことができませんでした。

中学2年生時代から約38年、トレーニングベンチ購入からは約29年が経過した現在。腰を痛めた

【図表19　昨日できたからやる、昨日と同じでいい】

◆昨日できたから、
今日もやれる…。
◆昨日と同じ今日でいい。

り仕事が不規則になったりで見合わせた数か月を除き、今も毎朝、ずっとこの〝昨日と同じ今日でいい〟トレーニングを続けています。

人間とは面白いもので、同じ身体なのに昨日は絶好調で今日は調子がイマイチ……というような自分では気づかない身体のバイオリズム（調子）の高低があります。長い期間を経てバイオリズムの高いときを活用するうちに回数が増え、今では腕立て伏せを毎日２２０回以上、腹筋運動を１２０回以上それぞれ連続して行っています。

実は腹筋運動を始めた頃の私は20歳代前半で、「海水浴に行って上半身裸になっても、恥ずかしくないボディをつくろう」という不純な（!?）動機もありました。実際にその数年後には、友人たちから「仮面ライダー」（＝仮面ライダー１号２号のように割れた腹筋）と言われたこともあります。

しかし52歳を過ぎた今は「中年太りの腹でっぷり

といったフォルムだけは避けたい」という守りに入った理由で続けています。体質からか相変わらず痩せ形ですが、〝極細マッチョ〟なボディになっています。

ごくわずかな継続を毎日。すぐ未来の姿は今のあなたの上にできる

この例で申し上げたいことは、継続することの計り知れなさです。

私は子どもの頃から中学生頃までは特に痩せのガリガリ君だったため、自分の肉体に対してもコンプレックスがありました。しかし図表19のとおり、〝昨日と同じ今日でいい〟という程度のごくわずかな継続を毎日行ったからこそ、今の自分の身体をキープできているのは間違いありません。

会話がうまくなる方法として、本書でご紹介したはひふへ法やイチゴリピート、5W1Hはもちろん、それらの基礎となる〝あいさつは、返すな！〟や〝絶滅危惧種を利用する〟を、私は現在も意識的に毎日実践しています。恥ずかしがり男《お》だった自分を変えたのは、間違いなくこれらの行動です。毎日の実践を続けていると、3か月経った頃に「あれ？　前より抵抗なくできるようになってきたな」と感じることができるようになり、6か月（半年）を過ぎる頃には、実際に会話が円滑に交わせるようになるなどの効果が現れはじめます。

まずは、毎日続けてください。かかるお金はゼロ円です。

現在のあなたは、あなたのこれまでの過去からできています。ということはつまり、あなたの目指す未来の姿は、今のあなたの上にできるのです。

5　継続は記録が助けてくれる

やはり継続は偉大

私のトレーニングの話の続きになってしまい、誠に恐縮です。

私は51歳のときにもう1つ、トレーニングのメニューを増やしました。スクワットです。肩幅より少し広めに両足を広げて立ち、両腕は前に突き出し床と平行に保ちます。そして椅子に腰かけるようにしゃがみ、両腿を床に平行な状態のまま7秒間キープするというものです。

これもやっぱり1回から、腿がプルプル震えるところから始めました（当初は平行状態のキープは5秒間でした）。これについては若い頃とは違い、これから迫ってくるであろう老いによる衰えによって、足が利かなくなることを警戒して始めたのでした。

やはり継続の力は偉大です！　40歳代後半に駅の階段で突然に転倒してショックを受けたことがある私ですが、スクワットを初めて３か月後には足の軽さを意識できるようになり、半年以上経った頃には歩行時に両足がガッチリと安定していることを実感したのです。

トレーニングを継続するの5つの意味

私にとって、この毎朝の継続には５つの意味があります。

①身体を物理的に鍛え、上半身の体形の維持と下半身の衰えへの対策を図る。
②1日がいかにすぐに過ぎるかを思い知り、時間は無駄にできないことを再確認する。
③衰え始めの52歳のオッサンでもこの回数の筋トレができるという、継続の偉大さを知る。
④記録することで可視化された毎日の実践を、サボりの防止と密かな自信につなげる。
⑤自分の専門以外の分野（苦手な分野）を継続することへの思いを実感する。

①と②についてはその内容のとおり、充実した毎日を送るための最低限必要なことと思い我慢して取り組んでいます。

③はこれまでにお伝えしたとおり。継続は、人を変身させることができるくらい偉大です。

④についてですが、ぜひとも今日から記録をつけることをおすすめします。あいさつは返すな！を実践しているあなたなら、例えば「8：10隣主人OG」（＝午前8：10に隣のご主人に「およ《O》うご《G》ざいます」と自分から先にあいさつした）と、先手必勝のあいさつができた結果を極力簡単にメモするだけです。2回実践できたならそれも記録しておきましょう。いちいち書くのが大変なら、スマホのメモ機能を音声入力で利用してもよいと思います。

記録は、実践を助けてくれる

恥ずかしながら私は、朝起床すると「あぁ、もう次のトレーニングをする朝が来たのか、まいったなぁ…。1日が過ぎるのって本当に早い、信じられない」と真剣に思います。このトレーニングは、②をしみじみと実感する効果があります。

併せて私は毎日の実践数を手帳のカレンダー欄に記録するようになりました（図表20参照）。④のためなので、自信につなげるというよりは継続がイヤになりそうなときに見返して、「うわぁ俺、こんなにやって来たんだ。ここで止めたらもったいないかも」と思うためでもあります。

毎日を記録することは「自分もこんなにやれているんだ、続いてるんだ」と実践を助けてくれる効果があります。逆に記録していないと、いつから努力しているのかすら忘れてしまい、いつしか実践すらしなくなってしまう恐れがあります。

1日1回行う〝あいさつは返すな！〟を記録しましょう、その回数は〝昨日と同じ今日でいい〟のです。記録は、実践を助けてくれてモチベーションにもなることに間違いはありません。実践の可視化は思いのほか重要です。

ちなみに⑤について。会話力向上のための活動をしていく中で私は、自戒を込めて思うことがあります。

「自分は会話やコミュニケーションをとることが得意になったがゆえに、他人に対してやすやすと『（本書の内容は）簡単だ！　だから継続しよう！』などと言っているのではないか？」と。

そこで今では自分自身も苦手な分野であるトレーニングを毎日毎日ほんのちょっと挑戦し続けることで、本書の読者の皆様と継続することの偉大さを共有し合わなければならないと思っています。

【図表20　記録はイヤになりそうなときに継続と自信につなげてくれる】

継続がイヤになりそうなときに
見返して「止めたらもったいない」。
記録は実践を助けてくれる
のです（実際の2020年2〜7月の記録です）

6　外で心は観音開き

心の構え方（モード）を意識する

あなたはお休みの日やプライベートの時間帯に私用でのお出掛けの際、また自宅からの出勤や通勤時、〝どんな心のモード（構え方、状態）〟で外に出ていますか？

「出掛けるときのモード？　心の構え方？　何ですかそれ。そんなこと考えたことありませんよ。休日やフリーの時間帯の外出なら、素《す》の精神状態で、リラックスして出掛けるだけですけど」。

そうですよね、そのとおりだと思います。では次の質問をします。

あなたがお仕事をしているならば、会社で仕事をしたり業務都合で外出したり、お客様のところに出向いての打ち合わせや成約獲得を目指す営業活動の際に、心の構え方はどんなモードになりますか？　さきほどのお休みのときと比べてどうですか？

「あぁ、休みのときとは明らかに心の構え方は違いますね。会社内なら上司や先輩には気を遣いますし、お客様と話す際はたとえ電話でもビデオ会議システムでも丁寧な態度に徹しますからね。訪問した営業先での場合ですか？　そりゃぁもう、相手先の機嫌を損ねないように最大限の気遣いをもって、最高潮の笑顔で対応しますよ」

このように人は状況に応じて、無意識に気持ちを緊張させたり緩めたりしています。仕事に携わる際にスーツや作業着・制服を着る方であれば、服装を替えた段階でスイッチが切り替わり、自然に心の構え方が替わっています。それらは仕事モードとプライベートモード、またはオンとオフの切り替えなどと表現するとご理解いただきやすいと思います。

このことを参考にして、あなたの心にもう1つ、新たなモードを加えていただきたいのです。それは最初にお話しした〝お休みの日やプライベート時の外出用のモード〟、即ちアウターモードです。

休みやプライベートの外出用の〝アウターモード〟を加える

これまでのあなたは、自宅に居るときとプライベートで外出する際の心の構え方は全く同じであって、切り替えてはいなかったはずです。しかしそこを2種類に分けるのです。

その結果、今日からはオンとオフの2択ではなく、次の3つに分類するようにしてください。

（ア）自宅でリラックスして寛《くつろ》いでいるモード（オフモード）
（イ）プライベートで外出する際のモード（アウターモード）
（ウ）職場や仕事上のモード（ビジネスモード）

（ア）は自宅で寛いでいますので、他人の目は気にしなくてOKです。部屋着や寝間着、または襟が伸びたり擦り切れたりしているTシャツでも構いません。しかし（イ）の場合は第2章でお話ししたように髪形を整えてお気に入りのスタイルをしていただき、他人と会っても恥ずかしくない環境を整えて外に出ます。すると、心も少しよそ行きになるような気がしませんか。

髪や服装だけでなくも心も外向け（アウター向け）になることで、外部の人と話す準備をしてほしいのです。

1対1の会話が苦手な人は、プライベートな外出の際に気持ちを内向き、即ちオフモードにしている傾向が強いです。気持ちが内向きというのは心が内側に籠っている状態であるため、人と話すための心の構えが外に向いていない姿勢を指します。

もっとわかりやすく言うと、外出すれば誰かと会って会話を交わすかもしれないのに、わざわざ心を閉ざしたまま外を出歩いているようなものです。

プライベートで外出するときは、髪形・服装とともに心の構えを意識的にアウターモードにして表に出ましょう。会社や仕事ではないのですから、機嫌を損ねないように気を遣ったり下手《したて》に出たりする必要はありません。ただ心の扉を外向きに開けるように意識して家から出るのです。

〝心の開き〟とは相手と話そうという準備、相手の会話を受け入れる体勢

婚活パーティーに参加される男性陣と主催者側の立場で話していると、この姿勢が足りない方が実に多いと感じます。第3章でご紹介した〝結婚相手に選んだ男性のひかれたところ〟の統計でもおわかりのように（図表９参照）、女性は男性の生まれながらに持っている容姿に目を向けてなどいません。身なりを清潔に整える以外に気にしなければいけないのは、〝心の開き〟です。相手と

話をしようという準備、相手の会話を受け入れる体勢です。

婚活パーティー会場に到着し、異性側の参加者に会ってから初めて心の扉を開いて会話をしようと試みても、それでは遅いのです。その結果、成果が得られなくて「このパーティーにはいい参加者がいなかった。このイベントはダメだ」とがっかりするのはお門違《かど》いです。

高校生の野球部員が夏の全国甲子園大会につながる地区予選大会で、会場のグラウンドに到着しました。しかし、もしそれまで全く練習をしていなかったとしたら、円陣を組んで気合いを入れてそこで「絶対に勝つ！」と本気を出したとしても、それでは遅いですよね。それと同じです。

あなたも今日から家から出るときには、胸を覆っている心の防御扉を観音開きに広げましょう。そして、少しでも知っている人を見つけたら、まずはあいさつを自分から発する、という外向きの行動を始めてください。①歩くときの姿勢と②会話の具体的なテクニック、そしてそこに③心の扉の開きが加わることで、間違いなくあなたはよいほうに変われます。必ず、相手と自然な会話が続けることのできる男になれます。

7　迷ったら、する！

ちょっとでも気に掛かったら行動を選ぶ

仮にあなたが30歳代半ばの独身で、現在お付き合いをしている女性はいないとします。そしてこれまで、女性との浮いた話には縁がありませんでした。「いますぐに身を固めたいなんて言わないけれど、せめて彼女と呼べる女性とのお付き合いを経て、いずれは結婚したい」と思っています。すると先日同僚に、この週末に開かれる婚活パーティーの申し込みがまだ受け付けている、と開かされました。その日は予定もなく、空いています。参加するのなら少しでも早いうちがいいと聞いたことがある。行ってみたい気もするけれど、知らない人ばかりの場だからちょっと気後れするなぁ、やめておこうかな。そんなことを考えています。

さて、この婚活パーティー。あなたならどうしますか？

結論を言いましょう。得た情報がちょっとでも気に掛かったなら、うまくいくイメージがさほど湧かなくても面倒くさく思えても、必ず行動するほうを選んでください。

これからは常に、少しでも気になったり迷ったりしたならば、行動する・動くほうを選ぶ男になってください。「迷ったら、する！」です。

〝気になった〟のは、ほんの少しでも「行って（経験・参加して）みてもいいな」と思えて、あなたの心や気に留まったからです。心や気に留まるまたは気に掛かる要素があるということは、それに興味があるか適した分野であることの証です。あなたの心が、本能的に行動するほうを望んでいるのです。

人は得られる成果が想像できなかったり不透明だったりすると、コストパフォーマンスを優先して行動をためらったり止めたりしがちです。しかしそれは、自身の少ない経験と狭い常識からはじき出された、単なる自分流の予想でしかありません。

参加費や交通費などのコストと比較して人との出会いを棒に振ることは、昨日までのあなたで終わりにしましょう。行動に移さなければ、当然ですが何も起こりません。これまでと全く何も変わらないのです。

人生とは打率ではなく打数

「出会う場がない」「仕事ばかりで出会いの機会がない」と悩んでいる人は周囲にいませんか。実はとても多いのです。しかしそんな人ほど休日はパチンコ三昧や自宅でゲームに夢中だったりして、出会いの可能性のある機会を自らシャットアウトしています。

もちろん行動しても必ず出会いがあるとは限りませんが、打席に立たなければヒットを打つことはできないことは理解できるでしょう。誰が言ったか「人生とは打率ではなく打数だ」という言葉があります。そう、気になったら迷ったら、空振りしても恥をかいてもいいから打席に立つべきなのです。

野球の本場・アメリカ大リーグで18年間に渡って、選手として活躍したイチロー（鈴木一朗）氏はヒットを量産していたイメージがありますが、実際には人一倍の努力で勝ち取った数多くの打席数があったからこそ、日米通算最多安打数がギネスブックに世界記録として載っているのです。

〝迷ったら、する〟を実践して結果的に幸運の出会いをもたらした、私の知っている中のごく一部の例をご紹介しましょう。

知人男女がそれぞれの友達を誘って異業種交流会兼合コン的な飲み会を企画。友人がドタキャンしたため頼まれてピンチヒッターで参加したら、後に奥さんになる人とそこで出会った男性。

友人の結婚披露宴に出席後、併催の2次会パーティーにちょっと無理して参加したところ、そこで新婦側の友人の出席者と出会って結婚に至った男性。

上司宅に食事に誘われ、気が進まなかったが意を決して訪問したところ、その家には同年代の娘さんがいて、やがて交際することになった男性。

「せっかくの休日に家に居てももったいない、ちょっと外出しよう」と買い物に出掛けたら、運転していた車が衝突されてしまい、親が修理工場を経営する知人の女性に修理を依頼したことがきっかけで結婚した男性。

行動の場を具体的に知る手段は山ほどある

これらに共通するのは、迷ったけれども新たに行動したことが考えもしなかった出会いや新たな展開、結果を生んだということです。ここでは男女の出会いや婚活の例でお話しましたが、日常生活や仕事に関する場面に目を向けても、我々の周囲には迷った結果に行動できる場がいくらでもあります。その気になれば様々な機会であふれているのです。行動できる場を具体的に知る手段を紹介します。

デジタル系として、インターネットのサイト、動画配信、メールマガジン、ＳＮＳの投稿、またはそれら経由で共有された情報。

大衆メディア系としては、テレビやラジオの番組やＣＭや告知、新聞折り込み、郵送や自宅へのポスティング、フリーペーパーでの告知、ファックスＤＭ。

アナログ系では、街中のポスターや貼紙、街角等での手配り、お店・公共的機関・公民館などに置かれる資料、自治体からの広報誌、学校や職場での回覧や配布、家族や知人からの紹介。

このように令和の現代には情報を得る手段が山ほどあり、人と出会える場も数限りなく存在します。さきほどの男女の幸運な出会いの例はもちろん、それ以外にも仕事であればセミナー・研修会・勉強会、地域経済団体や異業種交流団体の集会や懇親会から、自分の知識や見分を広めるための講座、趣味の集まり、地域住民の会合、子ども関連のＰＴＡや保護者会など。枚挙にいとまがありません。

少なくとも相手と会話を続ける訓練にはなる

これらの場や情報を目にしたときに、全く何とも感じないならそのままスルーで結構です。家庭や会社の都合でそこに時間や労力を割けず諦めなければならない場合もあるでしょう。しかし、ほんのわずかでも気になった機会に時間とお金の投資が許すようであれば、〝迷ったら、する〟あなたでいてください。その場で素晴らしい人との出会いやビジネス上の有益な話が実現しなくても、少なくともこれまでお伝えしてきた〝相手と会話を続ける訓練〟にはなるはずです。日常生活で役立つ、抵抗なく続く会話の稽古、仕事で喜ばれる男になるための会話のテクニックや、異性から支持される男になるための会話のテクニックの練習だけはできるはずです。

迷ったらする男となって行動して、その成果がいま一つだったとしても、来たるべきあなたの幸せための練習・稽古の場所として、その場を使いましょう。いつでもどこでも誰とでもタダで、会話を続けるテクニックを練習していくのです。

8　めんどくさいをやらなくちゃ

面倒くさくてしかたない、おっくうなことこの上ない

朝夕や夜間に自宅近くをランニングやウォーキングをされていたり、ジムに通って汗をかいたり筋肉を鍛えたりされている方は多く、体力づくりや健康のためにとてもステキなことだと思います。私はというと、そういったフィジカルなトレーニングは大の苦手です。嫌いです。身体づくりや肉体を鍛えるためにする地道な努力が性に合わないのかもしれません。先にご紹介した、中学生時代から自らに課している毎朝のトレーニングも同様です。さすがに長年やっているので、眠い目をこすりながら何とか取り組むのですが、とにかく面倒くさくてしかたありません。すべて終えるまでたった20分程度しかかからないのにも関わらず、おっくうなことこの上ないです。１日の時間のわ

ずか72分の1程度しか使わないのに……。

先日はSNSのツイッターでこんな2つの投稿を目にしました。

「インドア派が外出するまで。

・予定を決める↓めんどくせぇ…

・1週間前↓めんどくせぇ

・3日前↓予定を忘れている

・前日↓明日お腹痛くなってキャンセルしよかな

・当日朝↓うわあああ外出たくないいいいいいやだああ

・現地に到着↓わぁあああああたーのしー！！」

「何かで悩んでいる人は、ほとんどの人が最良の解決方法を知っている。ただ、めんどくさいからやらないだけ。逆に言うと、解決方法を知っているのにやらないことは、もはや悩みとは言わない。それは「悩み」ではなく「惰性」」

…面倒くさく思うのは私だけではないようでちょっと安心できます。人は皆、面倒くさがりな生き物なのですね。

面倒くさいなぁと思ったとき、この1文を思い出して

日本のロックバンド「サンボマスター」によって書き下ろされ2010年2月にリリースされた

「できっこないをやらなくちゃ」という曲があります。２０１７年に公開された映画と２０１８年に放送されたテレビドラマ「チア☆ダン」のモデルとなった高校の顧問とチアリーダー部が、実際に聴いていた曲として話題になりました。テレビドラマでは度々イメージソングとしても劇中に流れています。この曲の明るい曲調と前向きな歌詞が大好きな私は、このタイトルをもじって、「めんどくさいをやらなくちゃ！」と自分に言い聞かせています。

面倒くさいなぁと思ったとき、この1文を思い出して自分を奮い立たせるのです。本家の歌のタイトル〝できっこないをやらなくちゃ〟とその歌詞から導かれる、諦めない不屈の闘志は必要ありません。ただただ「めんどくさい」と思う気持ちをちょっぴり我慢して、行動するほうを選ぶだけです。今日からは常にそれを習慣にしてください。「めんどくさい」と思う気持ちを「やる」という行動に変えた人だけが手にできる結果があなたを待っています。

これまでご紹介してきたことを、3か月間継続していると、面倒くさいを以前より感じにくくなってきます。６か月経つと、面倒くさいのですが、それが半ば習慣化してきます。1年経つと、面倒くさいと感じつつもルーティーン（日課、習慣）と化してしまいます。そうなればしめたものです（まさに私の毎朝のトレーニングがこれです）。

ごまかしのきかない会話の力は、武器として一生涯あなたとともに

戦後の昭和中後期の時代は〝成長〟、平成は〝転換〟の時代であったと思います。そして令和の

現在は〝選択と変化〟の時代である、と考えます。2020年の新型コロナウィルスの感染拡大は私たちに「新しい生活様式」を求めました。それまでの伝統や慣習を大きく変える選択をして、変化していかなければならないのだということです。出社イコール仕事ではなくリモートでの在宅ワークが広まったことや、それまで当たり前だった密集・密接・密閉を避けなければならなくなったことなど、非接触型の社会のあり方が加速したのがその代表例でしょう。人と人の会話に関しては、ビデオ会議システムなどを使った遠隔会話となることで、よりごまかしのきかない状況になってしまったと思います。

本書を読んでいるあなたが生きる現代は、自分から「あいさつや何気ない会話で人とつながる」ことを選択し、人に先駆けて変化していかなければならない時代になったと感じています。

「めんどくさいをやらなくちゃ」で手に入れた会話の力は盗まれることはありません。一生涯、あなたの武器としてあなたとともにいるのです。

9　会話を続ける「心・技・体」でチャンスをつかむ

いつでもどこでも心技体

2015年にノーベル生理学・医学賞を受賞した北里大学特別栄誉教授の大村智教授は、フランスの著名な生化学者&細菌学者ルイ・パスツールの名言を胸に研究を続けたそうです。その名言とは「チャンスは備えある所に訪れる」。教授はそれを『幸運は志を好む』と言い換えているそうです。志や目標を持ち、努力を重ねて準備（備え）をしている者こそ、やって来たチャンス・幸運を手にすることができるのだ、――と。

今後あなたに訪れたチャンスを楽につかむべく、〝「続く会話」を誰とでもできる男〟になるために、これから具体的にやるべきことは以下の通りです。

第2章の、とるべき身体の姿勢と整え方。

第3章の、日常生活でも異性からも支持されるための言葉の技術（テクニック）と、

第4章の、お客様に喜ばれるための言葉の技術（テクニック）。

第5章の、日々持つべき心構え・心がけ。

つまり、心（しん）・技（ぎ）・体（たい）の3つの異なる分野を、いつでもどこでも実践することが必要なのです。

心・技・体とはもともと柔道の源流と言われる「柔術」の目的である、身体の発育・勝負術の鍛錬・精神の修養という、切り離せない3大要素を指しました。

会話上手になるためにも、切り離せずすべてが同じように必要な要素です。

どれか1つ、例えば〝技〟（テクニック）だけを極めることもできますが、口先だけがうまくなったあなたを人は何と思うでしょうか。〝体〟によって歩き方や立ち居振る舞い・見た目の姿が伴っていなければ人として信用を得ることは難しいですし、〝心〟の中にいつも意識して実行していな

ければ、いつでもどこでも誰とでも、安定して続く会話ができる男になることは難しいでしょう。心・技・体の3つが揃うと、あなたの会話を続ける力は本物になります。

力まず毎日「心・技・体」。続く会話が幸運を

2020年に世界で猛威をふるった新型コロナウィルスの影響に端を発して、インターネットを介したビデオ会議システムを使って遠隔で人と会話をする機会が増えました。このシステムは目の前の生身の人間とのやり取りではないため、空間を共有することができず、相手の仕草や間合いや雰囲気で感じ取ることができません。結局は会話のキャッチボールの力、即ち〝続ける会話力〟を持っていないと全くうまくいかないことを痛感しています。

いつ「続く会話」が必要になる状況が目の前に現れてもいいように、心技体の訓練を続けて準備・備えを欠かさないでください。この備えにはこれまで申し上げてきたように、お金も、そのために確保する時間も、犠牲にしなければならない労力も必要ありません。必要なのは、あなたが大いに利用するもともと持っているその恥ずかしがり屋・会話ベタな性格と、相手が話した言葉だけなのです。

力まずに、心・技・体を毎日少しずつ試しながら実践していきましょう。あなたは必ず〝会話を続ける力〟を手に入れます。そんな準備（備え）をしているあなたには近いうちにチャンスが訪れ、楽にそして必ず、幸運をつかむことができるでしょう。

あとがき

人の性格は、大きく2つの要因によって形成されます。

1つには、あなたという生命細胞が誕生した時点で既にDNAに組み込まれている〝生まれながらにして持っている要素〟。

もう1つは、育ててくれた家族をはじめとする周囲の人や土地柄などに影響される〝生活環境によって育まれたもの〟です。

あなたが以前の私のように恥ずかしがり屋kで内気なタイプだとしたら、そのキャラクターはこれら2つの両方か、どちらか片方に起因していると思われます。

特に後者は、自分が物心《ものごころ》ついた頃から当たり前のように身近にあるものですから、大きな影響を受けるのは当たり前です。

豪放磊落な親の姿を見て育った子どもは、（その親の姿が好きか嫌いかに関わらず）同じように豪快なキャラクターになることが多いですし、穏やかな親に育てられた子どもは同じように穏やかで温和になるのはそのためです。ちなみに私の少年時代までの恥ずかしがりやで内気なキャラクターも、両親の性格と出身地の新潟が農耕地域として寡黙に生き抜いて来た土地柄だったことに影響されています。

ということは私たち人間は、もし今と異なった環境下で生活を送ったならば、今と違った性格になっていた可能性が高いということになります。本書を読んだあなたは、少なくとも10代後半以降の立派な大人のはず。そんな大人であるあなたなら自分自身の決意で、お伝えした心・技・体を実践することを通して、自身の力で人と話す環境を少しだけ変え、円滑に人との会話を続けることのできる男に必ずなれます。

過去にとても辛い経験があって人と話すのが嫌になったり怖くなったり、そもそも人を信じられなくなったりして、本書でおすすめしている練習や実践ができない方もいるかもしれません。そんな人は、ぜひ第2章のアクションと、第5章のあいさつは返すな！ から始めてみてください。急がず焦らず、ただただ日々、その実践を繰り返すことだけで結構です。気が遠くなるように思えるかもしれませんが、1年間これを毎日続けたら、間違いなくあなたには変化が訪れます。

世の中には、あなたに害を与える人や波長の合わない人もいます。しかし、それ以外のほとんど大半は、あなたに悪影響を及ぼさないよい人です。そのような、世の中の大半のよい人との会話での交わりを断つのは、当たった宝くじを換金しないのと同じで、実にもったいないことです。

本書を読んだあなたは、今のあなたの環境を、自分の力と手で変えることのできる立派な人です。お金もかからず何の犠牲も払わず無理もせず、自分のほんの少しの心がけと実践で環境を変えることで、これまであなたが持っていなかった〝会話が続く力〟を手にすることができるのです。

有限会社プロス　代表取締役社長　土田　衛

「コミュニケーション・コンサルタント 土田 衛」のホームページ

QR コード

または
https://www.proce.co.jp

…で 動画をチェックすると、
役立つスキルが無料で学べます！

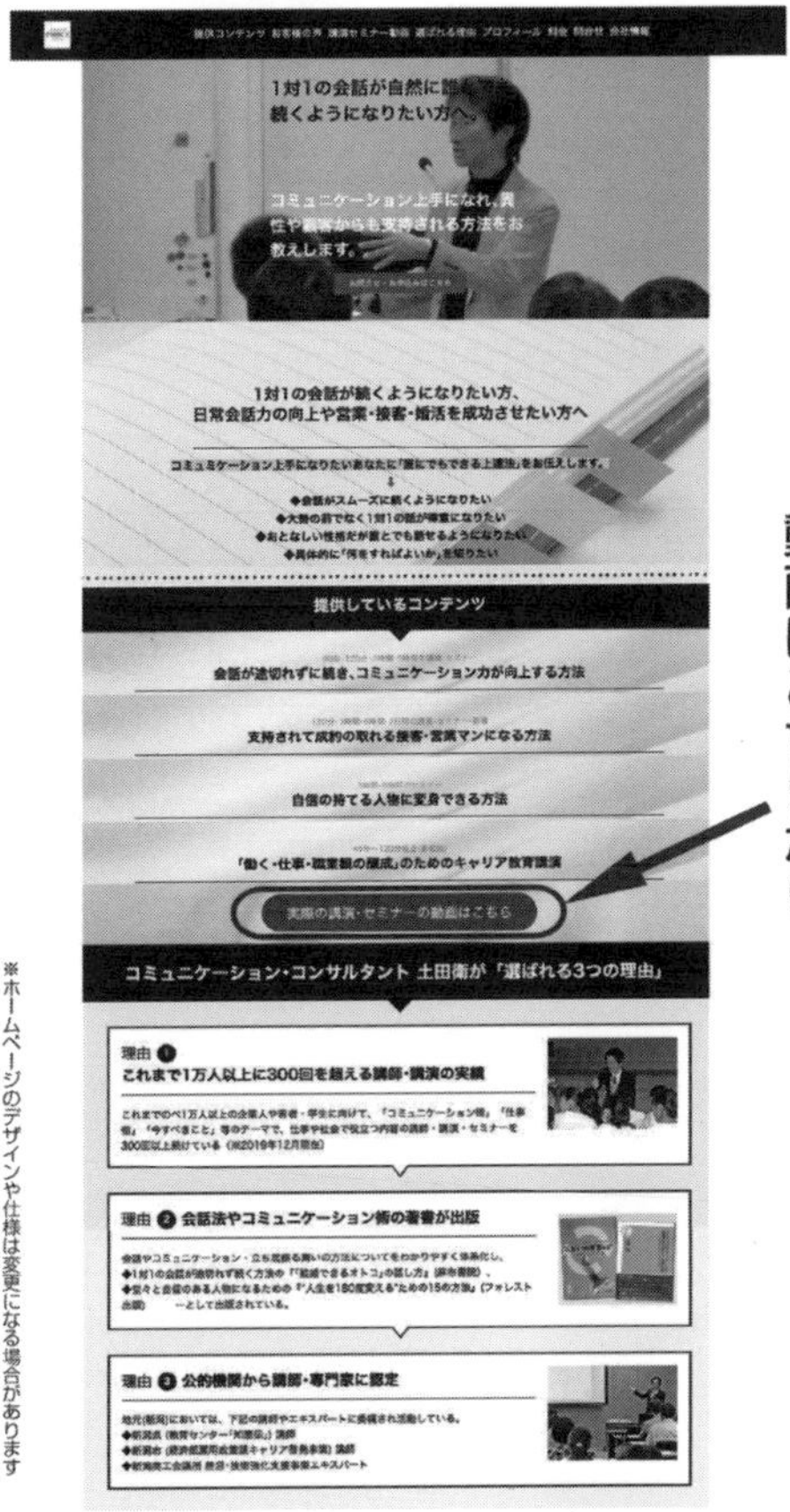

動画はこちらから

※ホームページのデザインや仕様は変更になる場合があります

著者略歴

土田　衛（つちだ　まもる）

コミュニケーション・コンサルタント、上級ウェディング・プランナー。有限会社プロス代表取締役。
1968年生まれ、新潟県出身。金なし・Webなし・経験なしの状態で27歳時にブライダルの企画プロデュース会社を創業する。これまでに関わった顧客組数は1200組を超え、新潟県内では最長キャリアを誇る。接客や営業法向上の検証の傍ら、人との接し方や会話のスキル・心の強さを更に高めるため、各種の非営利団体でも活動。12年以上を費やして、会話の続く方法やコミュニケーション力アップ法・仕事力向上術を体系化する。講師・講演でこれまで1万人以上に対し、300回以上にわたってそれらを伝えている。著書に「人生を180度変えるための15の方法」（フォレスト出版）、「結婚できるオトコの話し方」（麻布書院）。
有限会社プロス　https://www.proce.co.jp　http://www.proce.jp

「仕事・結婚で成功したい」のに内気なあなたへ！
“会話が続く男”のテクニック

2020年11月26日　初版発行

著　者　土田　　衛　© Mamoru Tsuchida

発行人　森　　忠順

発行所　株式会社 セルバ出版
〒113-0034
東京都文京区湯島1丁目12番6号 高関ビル5B
☎03（5812）1178　FAX 03（5812）1188
http://www.seluba.co.jp/

発　売　株式会社 三省堂書店／創英社
〒101-0051
東京都千代田区神田神保町1丁目1番地
☎03（3291）2295　FAX 03（3292）7687

印刷・製本　モリモト印刷株式会社

Printed in JAPAN
ISBN978-4-86367-623-7